Cícero

Os Deveres

Coleção Grandes Obras do Pensamento Universal

1 – Assim Falava Zaratustra – **Nietzsche**
2 – A Origem da Família, da Propriedade Privada e do Estado – **Engels**
3 – Elogio da Loucura – **Erasmo de Rotterdam**
4-5 – A República – **Platão**
6 – As Paixões da Alma – **Descartes**
7 – A Origem da Desigualdade entre os Homens – **Rousseau**
8 – A Arte da Guerra – **Maquiavel**
9 – Utopia – **Thomas More**
10 – Discurso do Método – **Descartes**
11 – Monarquia – **Dante Alighieri**
12 – O Príncipe – **Maquiavel**
13 – O Contrato Social – **Rousseau**
14 – Banquete – **Dante Alighieri**
15 – A Religião nos Limites da Simples Razão – **Kant**
16 – A Política – **Aristóteles**
17 – Cândido ou o Otimismo – O Ingênuo – **Voltaire**
18 – Reorganizar a Sociedade – **Comte**
19 – A Perfeita Mulher Casada – **Luis de León**
20 – A Genealogia da Moral – **Nietzsche**
21 – Reflexões sobre a Vaidade dos Homens – **Mathias Aires**
22 – De Pueris – A Civilidade Pueril – **Erasmo de Rotterdam**
23 – Caracteres – **La Bruyère**
24 – Tratado sobre a Tolerância – **Voltaire**
25 – Investigação sobre o Entendimento Humano – **David Hume**
26 – A Dignidade do Homem – **Pico della Miràndola**
27 – Os Sonhos – **Quevedo**
28 – Crepúsculo dos Ídolos – **Nietzsche**
29 – Zadig ou o Destino – **Voltaire**
30 – Discurso sobre o Espírito Positivo – **Comte**
31 – Além do Bem e do Mal – **Nietzsche**
32 – A Princesa de Babilônia – **Voltaire**
33 – A Origem das Espécies (Tomo I) – **Darwin**
34 – A Origem das Espécies (Tomo II) – **Darwin**
35 – A Origem das Espécies (Tomo III) – **Darwin**
36 – Solilóquios – **Santo Agostinho**
37 – Livro do Amigo e do Amado – **Lúlio**
38 – Fábulas – **Fedro**
39 – A Sujeição das Mulheres – **Stuart Mill**
40 – O Sobrinho de Rameau – **Diderot**
41 – O Diabo Coxo – **Guevara**
42 – Humano, Demasiado Humano – **Nietzsche**
43 – A Vida Feliz – **Sêneca**
44 – Ensaio sobre a Liberdade – **Stuart Mill**
45 – A Gaia Ciência – **Nietzsche**
46 – Cartas Persas I – **Montesquieu**
47 – Cartas Persas II – **Montesquieu**
48 – Princípios do Conhecimento Humano – **Berkeley**
49 – O Ateu e o Sábio – **Voltaire**
50 – Livro das Bestas – **Lúlio**
51 – A Hora de Todos – **Quevedo**
52 – O Anticristo – **Nietzsche**
53 – A Tranqüilidade da Alma – **Sêneca**
54 – Paradoxo sobre o Comediante – **Diderot**
55 – O Conde Lucanor – **Juan Manuel**
56 – O Governo Representativo – **Stuart Mill**
57 – Ecce Homo – **Nietzsche**
58 – Cartas Filosóficas – **Voltaire**
59 – Carta sobre os Cegos Endereçada àqueles que Enxergam – **Diderot**
60 – A Amizade – **Cícero**
61 – Do Espírito Geométrico - Pensamentos – **Pascal**
62 – Crítica da Razão Prática – **Kant**
63 – A Velhice Saudável – **Cícero**
64 – Dos Três Elementos – **López Medel**
65 – Tratado da Reforma do Entendimeno – **Spinoza**
66 – Aurora – **Nietzsche**
67 – Belfagor, o Arquidiabo - A Mandrágora – **Maquiavel**
68 – O Livro dos Mil Provérbios – **Lúlio**
69 – Máximas e Reflexões – **La Rochefoucauld**
70 – Utilitarismo – **Stuart Mill**
71 – Manifesto do Partido Comunista – **Marx e Engels**
72 – A Constância do Sábio – **Sêneca**
73 – O Nascimento da Tragédia – **Nietzsche**
74 – O Bisbilhoteiro – **Quevedo**
75 – O Homem dos 40 Escudos – **Voltaire**
76 – O Livro do Filósofo – **Nietzsche**
77 – A Miséria da Filosofia – **Marx**
78 – Soluções Positivas da Política Brasileira – **Pereira Barreto**
79 – Filosofia da Miséria – I – **Proudhon**
80 – Filosofia da Miséria – II – **Proudhon**
81 – A Brevidade da Vida – **Sêneca**
82 – O Viajante e sua Sombra – **Nietzsche**
83 – A Liberdade do Cristão – **Lutero**
84 – Miscelânea de Opiniões e Sentenças – **Nietzsche**
85 – A Crítica Kantiana do Conhecimento – **L. Polo**
86 – O Caso Wagner – **Nietzsche**
87 – A Clemência – **Sêneca**
88 – Da Utilidade e do Inconveniente da História para a Vida – **Nietzsche**
89 – Os Deveres – I – **Cícero**
90 – Schopenhauer Educador – **Nietzsche**

CÍCERO

Os Deveres

Tomo I

Tradução
Luiz Feracine

www.escala.com.br

Av. Profª Ida Kolb, 551 – Casa Verde
CEP 02518-000 – São Paulo – SP
Tel.: +55 (11) 3855-2100
Fax: +55 (11) 3857-9643
Internet: www.escala.com.br
E-mail: escala@escala.com.br
Caixa Postal: 16.381
CEP 02599-970 – São Paulo – SP

Título Original Latino
De Officiis

Diagramação: Kleber Ribeiro de Sousa
Revisão: Nídia Licia Ghilardi
Capa: Kleber Ribeiro de Sousa
Colaborador: Luciano Oliveira Dias
Coordenação Editorial: Ciro Mioranza

ÍNDICE

Apresentação 9
Vida e Obras de Cícero 11
Luiz Feracine (1927) 15
Introdução 17

Os Deveres 27
    Prólogo 29
    Capítulo I - As duas dimensões do "dever". 35
    Capítulo II - Método para deliberar sobre os deveres 37
    Capítulo III - Os princípios naturais da honestidade 39
    Capítulo IV - As fontes de onde jorram honestidade e deveres 43
    Capítulo V - A Prudência 45
    Capítulo VI - A Justiça 47
    Capítulo VII - A fidelidade, fundamento da justiça 49
    Capítulo VIII - Os graus de injustiça 53
    Capítulo IX - As causas da incúria na defesa 55
    Capítulo X - Os deveres e as circunstâncias de tempo 57
    Capítulo XI - Injustiça e interpretação da lei 59
    Capítulo XII - A equidade na guerra 61
    Capítulo XIII - A justiça para com os escravos 67
    Capítulo XIV - Liberalidade e beneficiência 69
    Capítulo XV - Critérios para avaliar o mérito 73
    Capítulo XVI - Outro critério: a socialidade 77
    Capítulo XVII - Os níveis da socialidade 79
    Capítulo XVIII - A necessidade de prática educacional na área dos deveres 83
    Capítulo XIX - A fortaleza e seu esplendor 85
    Capítulo XX - Fortaleza sem justiça não é virtude 87
    Capítulo XXI - Dois tipos de fortaleza 89
    Capítulo XXII - Cargos públicos postulam honestidade e competência 91
    Capítulo XXIII - A magistratura supera a glória militar 93
    Capítulo XXIV - A prestância da vida civil em face da militar 97

Capítulo XXV - Deveres do governante 99
Capítulo XXVI - Superioridade e modéstia 103
Capítulo XXVII - Alguns aspectos da fortaleza... 105
Capítulo XXVIII - O pudor como ornamento da virtude 107
Capítulo XXIX - A decência como decoro 109
Capítulo XXX - O decoro controla os movimentos da alma...................... 111
Capítulo XXXI - Os apetites submetam-se à razão..................................... 113
Capítulo XXXII - Prazer físico e moderação.. 115
Capítulo XXXIII - Nunca conflitar com a natureza..................................... 119
Capítulo XXXIV - A fortuna e as circunstâncias... 123
Capítulo XXXV - Fortuna e natureza 125
Capítulo XXXVI - Deveres e diferença de idade 127
Capítulo XXXVII - Os deveres dos magistrados e dos civis 129
Capítulo XXXVIII - As três dimensões do decoro 131
Capítulo XXXIX - Decoro e beleza... 133
Capítulo XL - A palavra como discurso e conversação 135
Capítulo XLI - A conversação agradável... 137
Capítulo XLII - O decoro da residência 139
Capítulo XLIII - Três dimensões da ação humana 141
Capítulo XLIV - O decoro como ordem e oportunidade 143
Capítulo XLV - O decoro na fisionomia e nos gestos................................. 145
Capítulo XLVI - A imitação dos bons exemplos de virtude........................ 147
Capítulo XLVII - Profissões e honestidade do lucro................................... 149
Capítulo XLVIII - Critérios de honestidade... 151
Capítulo XLIX - A prevalência da dimensão comunitária 153
Capítulo L - O princípio ético da socialidade... 155
Capítulo LI - O princípio da socialidade é aferido pela prudência 157
Conclusão 159

Apresentação

1 – Ao tomar contato com o presente texto elaborado, vinte séculos atrás, em Roma, pelo Senador Marcos Túlio Cícero, pensador de proa, orador eminente, escritor fecundo e advogado brilhante, poderia ocorrer para o leitor, na atualidade, que tudo quanto, ali, está estampado configura conceitos ultrapassados pela modernidade. Ledo engano! O presente livro de Cícero que a Editora Escala divulga sob o título de "Os Deveres", recebeu do autor o nome "De Officiis", isto é, acerca das obrigações ético-morais avaliadas pelo prisma universal da metafísica filosófica. Em razão desse nível de análise, os conceitos emitidos, há tantos séculos atrás, persistem com absoluta validade, já que o objeto formal da sã filosofia de cunho aristotélico é a universalidade do fenômeno em análise.

2 – Sabe o leitor que o estudo acerca dos costumes tem, hoje, dois enfoques distintos: o sociológico e o filosófico. O primeiro filma a prática do comportamento coletivo, com reflexo sobre o individual, que se estrutura no conceito emanador da cultura predominante. Em decorrência de sua origem social os costumes refletem uma época histórica da comunidade, mas também manifestam-se instáveis porque passíveis de mutação. Diversamente, os elementos captados pelo prisma da filosofia primam pela universalidade e por isso gozam da persistência. Ao estudar o ser humano e seu agir,

a filosofia prática da moralidade realça a estrutura da essência do ser humano. Vê o homem pelo aspecto universal da racionalidade que opera conexa com a faculdade volitiva cujo objeto formal é o bem, captado pelo desempenho da liberdade. Destarte, o homem visto pela sua essencialidade persiste sendo o mesmo. Por isso os princípios ético-morais com que Cícero caracteriza o agir humano pelo prisma da honestidade são idênticos aos modernos.

3 – A fim de caracterizar bem este primeiro tomo de "Os Deveres", pode-se assegurar que se trata do primeiro curso de filosofia moral para os advogados e juristas que a história registra. Daí decorre sua importância para os cultores e agentes do Direito, nos dias de hoje. Logo assim que se vê o Direito não como mera técnica profissional e, sim, como parte integrante do agir humano direcionado para a prática da virtude da justiça cujo objeto é sempre o bem honesto, o desempenho da advocacia deixa de ser um dos tantos meios de ganhar recursos para a vida e identifica-se com o ideal de dignidade máxima que realiza plenamente a excelência humana.

4 – Eis porque o presente tomo de "Os Deveres" vai ser acolhido com carinho, principalmente, pela juventude que se encanta com o prestígio daqueles que povoam os nossos tribunais como mensageiros da justiça que é o oxigênio da vida social.

Luiz Feracine

VIDA E OBRAS DO AUTOR

1. Marco Túlio Cícero nasceu aos 3 de janeiro do ano 106 a.C., em Arpino. Era filho de família eqüestre. Depois de assumida a toga viril, no ano 90, prestou serviço militar em 89, participando da guerra mársica. Freqüentou a casa do sábio Quinto Múcio Cévola para fins de estudos. A seguir, com a morte de Múcio, aproximou-se de outro Cévola, que era pontífice. De ambos Cícero aprendeu tudo acerca da ciência jurídica.

2. Prosseguindo na aquisição de conhecimentos, Cícero passa a ouvir o filósofo Filão da linha acadêmica e o epicurista Fedro. Em decorrência da guerra capitaneada por Mitrídates, Filão vem refugiar-se em Roma, no ano 88 a.C. Dele Cícero recebe o aprimoramento filosófico. Além desses dois filósofos, Cícero conviveu com o estóico Deotodo, hóspede em sua residência, onde o filósofo faleceu.

3. Apesar da inclinação para a Filosofia, Cícero, na juventude, cultivou, com esmero, a eloqüência. Ele tinha apenas 26 anos, quando pronunciou sua primeira peça judiciária a favor de P. Quíncio contra Névio. Mais relevante foi a defesa de Sexto Róscio, acusado de parricídio. Após o sucesso nessa causa, Cícero passou a ser o advogado criminalista de maior preferência, em Roma.

4. No ano 79 a.C., viaja pela Grécia e Ásia Menor. Em Atenas, durante seis meses, ouvia as palestras de Antíoco, famoso filósofo da velha Academia. Ouviu também Zénão, denominado "corifeu dos Epicuristas". Lá também conheceu Fedro, o filósofo. Entrementes, exercita-se na arte da eloqüência, na Escola de Demétrio Siro.

5. A seguir, percorre a Ásia para ouvir outros expoentes da cultura erudita. Em Rodes (78 a.C.), volta a ouvir Molone, já conhecido seu em Roma. Esse contribuiu como advogado forense para corrigir alguns defeitos da oratória de Cícero. Seu estilo daí para diante torna-se mais tranqüilo, perdendo o antigo ímpeto de fogosidade agressiva.

6. De volta para Roma, no ano 77 a.C., casa-se com Terência. Em 75 a.C. foi mandado como questor de Libeleo, na

Sicília. Incumbência que desempenhou com agrado pleno dos comerciantes da região. Tornou-se um ídolo para os sicilianos que lhe retribuíram com homenagens incomuns.

7. Em 70 a.C. acontece, no Fórum de Roma, o processo contra Verres, que foi pretor na Sicília de 73 a 71 a.C. Durante seu governo, cometeu arbitrariedades de vulto e crueldades até contra os deuses. Consta ter roubado do erário da Sicília cerca de 40 milhões de sestércios. Gratos pela administração de Cícero os sicilianos entregam-lhe a causa contra Verres que condenado, exilou-se, voluntariamente.

8. No ano 69 a.c., Cícero exercia o cargo público de edil currul.

9. Em 66 a.c. alcança o cargo de pretor urbano. Ocorre, naquele ano, seu primeiro discurso político: "*De Imperio*, Cn. Pompei".

10. No ano 62 a.c. é eleito Cônsul. Surge então Catilina, o grande inimigo da República. Enquanto Pompeu luta na Ásia, Cícero assume a defesa do Estado contra a conjuração liderada por Catilina que, desmascarado, foi obrigado a deixar Roma. Cícero ganha então o título de "pai da pátria".

11. Os aliados de Catilina, por vingança, propõem um projeto de reforma agrária que Cícero impugna por parecer-lhe mera jogada demagógica. O autor daquele projeto era Tibério Gracco que almejava ceder todas as terras públicas, na Itália, aos sem-terra.

12. Vitimado pela onda de críticas, Cícero submete-se à penalidade do exílio, afastando-se de Roma por um ano, entre 58-57 a.C. Entrementes, sua residência foi arrasada. Outros bens patrimoniais dele também sofreram represália.

13. No ano 53 a.C. é admitido no Colégio dos Áugures. Então se fez protagonista de processos famosos.

14. No ano 51, é eleito governador de Celícia.

15. No ano 50, recebe o título de "Imperador", após a expedição militar contra os "Partos".

16. Retira-se para Épiro, na Grécia.

17. César vence Pompeu, em Farsália. No ano 48 a.C., Cícero se afasta da política.

18. No ano 44, César é assassinado.

19. Antônio pretende suceder a César. Cícero apóia Otávio. Contra Antônio ele pronuncia as "Filípicas", mas pagou, com a vida, sua coragem.

20. Antônio triunfa e exige a morte de Cícero que se recolhe em Fórmicas, onde morre. Antônio expõe a cabeça de Cícero na Tribuna dos oradores.

OBRAS DE CÍCERO

I. OBRAS FILOSÓFICAS

1. A República (*De re publica*)
2. Os fins (*De finibus*)
3. Os paradoxos dos estóicos (*Paradoxa stoicorum*)
4. Disputas tusculanas (*Tusculanae disputationes*)
5. A natureza dos deuses (*De natura deorum*)
6. A arte adivinhatória (*De divinatione*)
7. A velhice (*De senectute*)
8. Os deveres (*De officiis*)
9. As leis (*De legibus*)
10. A amizade (*De amicitia*)
11. O orador (*De oratore*)

II. DISCURSOS FORENSES

1. Contra Catilina (*In Lucium Catilinam orationes*)
2. Em defesa de G. Gallio (*Pro G. Gallio*)
3. Em defesa de A. Cluentio Avito (*Pro A. Cluentio Habito oratio*)
4. Em defesa da Lei de Mânlio (*Pro lege Manilia oratio*)
5. Em defesa de A. Coecina (*Pro A. Coecina oratio*)
6. Contra Verres (*In Verrem actio*)

7. Contra G. Coecilium (*In Coecilium divinatio*)
8. Em defesa de Scauro (*Pro Aemilio Scauro*)
9. Em defesa de P. Quíncio (*Pro Quinctio*)
10. Em defesa de Roscio Amerino (*Pro Roscio Amerino*)
11. Em defesa de L. Licínio Murena (*Pro L. Licinio Murena*)
12. Post reditum ad Quirites (*Oratio post reditum ad Quirites*)
13. Em favor de Cornélio Balbo (*Pro C. Balbo*)
14. Contra L. Pisão (*In L. Pisonem*)
15. Em favor de C. Rabírio (*Pro C. Rabirio*)
16. Em favor de Q. Ligário (*Pro Q. Ligario*)
17. Em favor do rei Dejotaro (*Pro rege Dejotaro*)
18. Em favor de T. Ânio Milão (*Pro T. Annio Milone*)
19. Em favor de M. Marcelo (*Pro M. Marcello*)
20. Em favor de C. Plâncio (*Pro Cneio Plancio*)
21. Sobre as Províncias Consulares (*De provinciis consularibus*)
22. Em favor de Célio Rufo (*Pro C. Rufo*)
23. Em defesa da minha casa (*De domo sua*)
24. Discurso para os Pontífices (*Ad Pontifices*)
25. Em defesa de Séstio (*Pro P. Sestio*)
26. Em defesa de Árquias Licínio, poeta (*Pro A. Licinio Archia poeta oratio*)
27. Saudação ao povo romano
28. As Filipicas (*In M. Antonium orationes Philippicae*)
29. Em defesa de Valério (*Pro L. Valerio Flacco*)
30. Meu retorno ao Senado (*Oratio post reditum in senatu*)

III. OUTRAS

1. A LEI AGRÁRIA (*DE LEGE AGRARIA*)
2. O DESTINO (*DE FATO*)
3. A DESCOBERTA (*DE INVENTIONE*)
4. TÓPICOS (*TOPICA*)
5. CARTAS FAMILIARES (*EPISTULAE*)
6. CARTAS A ÁTICO (*EPISTULAE AD ATTICUM*)

LUIZ FERACINE (1927)

- Sacerdote Católico do Clero Secular;
- Curso eclesiástico de Filosofia e de Teologia;
- Mestrado e doutorando em Filosofia pela Universidade *"Angelicum"* de Roma;
- Bacharel, Mestre e Doutor em Direito Canônico pela Universidade Lateranense do Vaticano – Itália;
- Bacharel, Mestre e Doutor em Direito Civil pela Universidade Lateranense do Vaticano – Itália;
- Titularidade estrangeira reconhecida pela USP, UNESP – Brasil;
- Bacharel em Direito pela Faculdade Municipal de Franca – SP;
- Ex-professor da UNESP, UFMS e Uniderp;
- Licenciado em Estudos Sociais;
- Especialista em Sociologia pela Universidade Internacional de Estudos Sociais;
- Jornalista profissional e tradutor de textos latinos;
- Ex-Presidente do Tribunal Eclesiástico do Mato Grosso e Mato Grosso do Sul;
- Eleito em 1999, como patrono do Centro Acadêmico de Direito da Universidade para o Desenvolvimento de Pantanal – Uniderp, o CALUF (Centro Acadêmico Luiz Feracine);
- Eleito pelos alunos da Universidade Federal de Mato Grosso do Sul – UFMS, como titular dos concursos de oratória;
- Agraciado com o título de Juiz-Emérito em consonância com o CN. 185 do Código de Direito Canônico;
- Agraciado com o título de "Monsenhor" pelo então Bispo de Santo André, Dom Jorge Marcos de Oliveira que, na época do Concílio do Vaticano II (1962), liderava o movimento da desbatinização do clero, sendo o Pe. Luiz Feracine secretário dele junto aos departamentos da Santa Sé, no Vaticano.

OBRAS DO TRADUTOR

1. *Sociologia do Marxismo*
2. *Primeiros Princípios do Saber*
3. *O trabalho no pensamento da Igreja Católica*
4. *Ética, Moral, Direito e Política*
5. *A Dignidade do Homem* (tradução)

6. *A filosofia jurídica de G. Graneris* (tese doutoral)
7. *De Pueris: Os meninos* (tradução)
8. *O professor como agente de mudança social*
9. *A civilidade pueril* (tradução)
10. *As fábulas de Fedro* (tradução)
11. *Prova racional da existência de Deus* (3 volumes)
12. *Coletânea de artigos publicados* (3 volumes)
13. *A vida feliz* – Sêneca (tradução)
14. *A vida tranqüila* – Sêneca (tradução)
15. *A vida retirada* – Sêneca (tradução)
16. *A velhice saudável* – Cícero
17. *A amizade* – Cícero
18. *Os "Deveres"* – Cícero (3 volumes)
19. *A clemência* – Sêneca
20. *A constância do sábio* – Sêneca
21. *A brevidade da vida* – Sêneca

No PRELO
1. *A providência* – Sêneca
2. *A imitação de Cristo* – Tomás Kempis
3. *Os benefícios* (2 volumes) – Cícero
4. *As cartas de Sêneca* (3 volumes) – Sêneca
5. *O direito na perspectiva da história antiga*

Homenagem dos alunos da U.F.M.S.

No ano de 2002, os alunos da turma de Direito-2002 da Universidade Federal de Campo Grande, MS, homenagearam seu professor Padre Doutor Luiz Feracine, com uma placa, cujos dizeres proclamam seus méritos de educador. Este o texto gravado na placa:

"Nos anos em que estivemos juntos, o amor nos guiou. Os alunos imaturos de então, como hão de ser os jovens, e um mestre com sua imensa sabedoria. Com a paz e a alegria que se fizeram presentes, em cada uma de nossas aulas, em cada um de nossos debates, tornou-se um deleite para nós compreender suas ricas lições, sempre baseadas em valores de justiça. Diante de toda a dedicação dele, crescemos e amadurecemos. Isso nos faz capazes de ver, com os mais deferentes olhares, até mesmo a verdade."

Seus alunos, Campo Grande, MS, 12 de fevereiro de 2003

Introdução

1 – Na abertura do texto intitulado "Os Deveres", Cícero, em conversa paternal com o filho, estudante em Atenas, ao qual dedica o livro, logo de entrada, realça a relevância dos deveres ou obrigações decorrentes da honestidade pautada pelos valores máximos da dimensão racional do ente humano. Deixa então evidente que o enfoque dado ao tema não só pertence à área ética do comportamento como ainda ao plano metafísico da filosofia. Apresentando a honestidade como ideal supremo para o agir humano em geral e para o desempenho das atividades que caracterizam o profissional do direito, Cícero assume o alinhamento doutrinário dos Estóicos, mas adverte que, vez por outra, expressa o ponto vista pessoal.

2 – De entrada, define o que é "dever" ("officium"). Dever implica o conceito de "obrigação". As obrigações, enquanto diretrizes da vida pautada pelo conceito de bem, são numerosas. Daí a questão primordial: quais das obrigações as mais cogentes e importantes? Eis o objetivo do livro: elucidar o que é "dever" e discernir a prioridade daqueles deveres de maior relevância e por isso, rigorosamente, categóricos.

3 – Na avaliação do conteúdo positivo de uma ação humana, a mente passa pelo processo da deliberação. Questiona para saber o que é realmente bom na linha da honestidade. Então defronta-se com o sentido de útil. Cabe aferir o honesto, diferenciando-o do útil, já que nem tudo o que é de utilidade é também honesto.

4 – A fim de aferir o valor de honestidade em seus atos, o homem dispõe de dois recursos: a natureza e a razão. Graças a sua capacidade de entendimento, ele lê, na natureza, as linhas básicas para estruturar seu agir, visando o bem. Daí, resulta a idéia de honestidade. A vida feliz é então aquela em que brilha o valor e a beleza das coisas honestas. Assim, a honestidade vale por si. Só ela dignifica e enobrece a ação humana.

5 – Há quatro fontes principais de onde brota o esplendor moral e também de onde emana o caráter cogente e obrigatório do agir ao praticar o bem e evitar o mal. São elas: a prudência, a justiça, a temperança e a fortaleza. Além dessas quatro, Cícero acena para uma quinta que seria como que a culminância das demais virtudes, a saber, o decoro.

6 – A seguir, Cícero define a prudência como captação do aspecto de verdade no ato honesto. Com efeito, o ato humano é precedido de uma avaliação judicante a respeito do que é, realmente, bom e do que não é. Naquele instante, a mente procura a verdade: o que é de fato bom. É, aí, que atua a prudência com sua luz de discernimento. Ela implica diligência na ponderação e lucidez judicativa.

7 – Depois, Cícero trata da justiça cujo primeiro dever edita não prejudicar a ninguém. Manda ainda usar das coisas coletivas como comuns e as particulares como próprias. Realça que o fundamento da justiça é a socialidade entre os seres humanos, já que a prática da mesma estreita a convivência social.

8 – Lembrando que a palavra "fidelidade" vem do verbo "fiat", isto é "que aconteça", Cícero destaca que a justiça supõe lealdade e firmeza no cumprimento da palavra dada, nos contratos e convenções.

9 – Prosseguindo, o texto fala de dois tipos de ato injusto: aquele que procede da impetuosidade e o que deriva da intenção urdida em clima de má-fé.

10 – Conseqüentemente, diversas são as causas que levam ao descumprimento dos deveres éticos. Podem ser o temor de suscitar antipatia como também o medo de enfrentar fadiga ou ainda o comodismo que fomenta o descuido e o relaxamento da precaução.

11 – Além disso, Cícero explica como o elemento circunstancial do tempo influencia de modo a tornar injusto o que era justo. Assim, por exemplo, manter uma promessa cuja execução finda por prejudicar, seja ao promitente, seja ao promissário. Dá como exemplo o advogado que prometera levar ao Foro a causa de um amigo. Entrementes, seu filho adoece. Deixando de cumprir a palavra, isso não equivale à falta do dever.

12 – Nesse contexto, Cícero apresenta o caso de interpretação literal da lei e exemplifica: depois de concordar com uma trégua de trinta dias com o inimigo, o general punha-se, à noite, a desbastar-lhe as plantações, sob o pretexto de que a interrupção das hostilidades só valia para o período diurno. Após outros exemplos, Cícero conclui: o excesso de direito degenera em injustiça.

13 – Já que mesmo em estado de guerra, há direitos e deveres, então Cícero lembra que existem dois modos de contender ou disputar. Um, mediante a força e outro pela palavra. O primeiro é próprio dos animais e o segundo do ser humano. Em todo caso, quando a guerra for necessária, seja sempre realizada em vista de uma paz duradoura.

14 – Além disso, adverte Cícero para o fato que a escravidão também implica justiça porque o escravo tem direito ao salário pelo trabalho prestado. Isso leva a frisar que a injustiça pode ser praticada de dois modos: seja pela violência, seja pela fraude. Se esta é façanha de raposa, aquela é de leão, mas ambas conflitam com a dignidade humana.

15 – Daí ele passa a dissertar a cerca da liberalidade e da beneficiência para demonstrar os vários modos dessas virtudes conflitarem com a justiça. Isso ocorre quando o benefício prejudica o agraciado ou a terceiros como ainda quando o benefício excede ao mérito do beneficiado. Há muitos que por ambição de glória e de grandeza subtraem de uns o que regalam a outros. Pensam que assim realizam benemerências. Na verdade, cometem grosseiras injustiças. A generosidade também não pode ir além das posses disponíveis do benfeitor. Caso fosse, causaria prejuízo aos familiares.

16 – Cícero apresenta então alguns critérios para avaliar o mérito de quem faz empréstimo. A restituição deve ser sempre acrescida, mas o acréscimo depende das disposições com que o benfeitor agiu. Muitos agem por mero impulso e sem discernimento. Tais dádivas não merecem apreço.

17 – Outro critério acerca do mérito em ação de benevolência é medir o grau de socialidade do beneficiado. Fica, aí, registrado o célebre aforismo: "tudo seja comum entre pessoas amigas". Neste lance, Cícero também refere um texto antigo que, hoje, os católicos usam: *"quem indica ao transeunte o caminho faz como quem acende, com sua luz, outra luz. Nada perde em alumiar porquanto a si mesmo ilumina"*. Depois, conclui: *"Daí se depreende que, quando se pode dar sem prejuízo próprio, deve ser dado a qualquer um, ainda que desconhecido.*

18 – No capítulo XVII, Cícero descreve os graus da socialidade humana. Principia pela pertença ao mesmo povo, à mesma pátria e à mesma língua. Daí passa a descrever os tipos de vínculo que relacionam os cidadãos. Esse complexo relacional é expresso pela amizade, todavia vínculo nenhum supera o compromisso com a pátria. Assegura então que a pátria e os pais têm preferência, já que deles recebemos os maiores benefícios.

19 – A seguir, afirma ser necessária a prática e a aquisição de hábitos comportamentais até a consecução de habilidade no desempenho racional em torno de nossos deveres éticos. Enfatiza a relevância do ensino da moralidade em programa educacional.

20 – Das quatro virtudes cardeais a fortaleza ou "grandeza de ânimo" merece destaque especial. É por isso que as estátuas representam os heróis da pátria, trajando vestes militares. Isso designa grandeza de alma e coragem para enfrentar o perigo.

21 – Para explicar que fortaleza sem justiça perde o sentido de virtude, Cícero insiste na tese segundo a qual a justiça é a virtude de base que estrutura o caráter. Sem ela, não há individuo honesto. Pode ser astuto, mas não sábio.

22 – No capítulo XXI, Cícero elucida duas dimensões em que trabalha a fortaleza: sobrepor-se aos azares da vida e empreender tarefas árduas. Por isso ele afirma: "um ânimo forte e grande manifesta-se de modo singular, em duas atitudes. Primeiro, pelo desprezo às coisas externas, posto ter a convicção de que o homem não deve apegar-se nem preferir nem ir ao encalço do que não é honesto ou decoroso e menos ainda sucumbir em face de outrem ou sob as paixões ou mesmo ceder à fortuna. O segundo modo consiste em empreender ações de vulto e realmente úteis sem omitir aquelas extremamente árduas e plenas de sacrifícios e perigos ". Acrescenta ainda: *"O esplendor e a magnificência desses dois modos de agir transluzem mais do segundo modo, todavia a causa que produz os grandes homens, tal eficiência reside no primeiro modo"*.

23 - No capítulo XXII, Cícero faz uma advertência para os políticos: "quem assume cargo público, cuide-se. Não basta que tal ofício seja digno. Importa, sim, estar à altura daquela responsabilidade."

24 – A fim de provar que a magistratura supera a glória militar, Cícero afirma: "Encantadora é aquela sentença contra a qual eu ouço levantarem vozes ímpias e rancorosas: *"que as armas cedam à toga e o louro à retórica"*. Em suma, mais vale trabalhar na regência do Estado e no comando da justiça do que lutar em campo de batalha. A vida civil suplanta a glória militar.

25 – No capítulo XXIV, Cícero incentiva pessoas prendadas a prestarem serviços públicos para o bem comum da pátria.

26 – Calha bem então dissertar acerca dos deveres das autoridades públicas. Aí, ele alerta com o lema: "antes morrer do que prevaricar".

27 – Advém a propósito, no capítulo XXVI, um apelo para a modéstia. Cícero declara: "Quando a sorte sorri e tudo flui às mil maravilhas, então devemos afugentar, com denodo, todo tipo de orgulho, enfado e arrogância".

28 – Insiste ainda em descrever alguns aspectos da fortaleza. Ela como firmeza de alma e coragem contra os obstáculos também é visível na vida retirada do bulício das atividades públicas.

29 – No capítulo XXVIII, Cícero trata do pudor como ornamento que encanta a vida virtuosa. Ele define o "pudor" como equivalente à decência e à honestidade. Por isso tudo que é justo é também decoroso, ao passo que o injusto é torpe e indecoroso. Tal como não se pode separar a formosura da saúde do corpo, assim também o decoro não se separa da virtude e da honestidade.

30 – Na mesma coerência da explanação, o texto fala do complemento que o decoro acarreta para a justiça. Enquanto a justiça veta lesar direitos alheios, o pudor impõe não magoar nem ofender o outro.

31 – A seguir, Cícero trata das funções exercidas pelo decoro em relação aos movimentos do apetite e da razão. Ele enquanto submete o apetite à razão faz com que essa se adeqüe às exigências da natureza humana.

32 – Prosseguindo, diz ser necessário que o apetite obedeça à razão, já que isso configura o dever ético. Depois, Cícero descreve as atitudes de quem está tomado por alguma paixão ou apetite aguçado. Distingue também a pilhéria graciosa da outra que é grosseira. Por fim, recomenda como diversões a caça e jogos de campo.

33 – Ainda, na linha rígida dos filósofos do Pórtico, Cícero tem em pouco apreço os prazeres físicos e por isso declara :"O prazer do corpo não é tão digno de prestância. Por isso deve ser até rejeitado. Se, por ventura, for acolhido, que então seja fruído, moderadamente."

34 – Depois de preceituar o não-conflito do agir com a natureza em geral e com a nossa em particular, Cícero recomenda que a linguagem não seja mesclada de palavras estrangeiras (gregas, na época). Recomenda que cada um se consagre às atividades para as quais tem maior pendor.

35 – Na realização de nosso projeto existencial devemos avaliar, com a mente e com o coração, o que queremos ser e quais os deveres a obedecer. Assim evitaremos ser vitima da fortuna (azar) e das circunstâncias. O que importa mesmo é saber qual o caminho reto para a vida.

36 – Cícero assegura ainda ser feliz o indivíduo que se liberta dos condicionamentos e delibera a respeito da carreira a abraçar na vida, afinado sempre com a natureza da própria personalidade.

37 – Seguem então as recomendações adequadas à idade provecta. Recomenda limitar atividades físicas, mas aumentar as mentais. Recomenda afastamento de qualquer tipo de vício, máxime da luxúria. Pede que o adulto sábio seja o conselheiro dos jovens para a trilha do bem.

38 – No capítulo XXXVII, Cícero convoca os magistrados para a conscientização da magnitude da responsabilidade que os distingue. Isso não obstante, o simples cidadão também concorre para o esplendor da pátria. Basta que cada um, a seu alcance, coopere para a edificação do bem do Estado.

39 – De novo, Cícero retorna ao tema a respeito do decoro e descreve sua tríplice dimensão, já que sua manifestação torna-se visível na postura do corpo, na conversação e no modo de andar.

Aqui, são mencionadas as "bragas". Os artistas, no palco, usavam calções para não deixarem expostas as partes pudendas do corpo.

40 – Acrescenta que há duas espécies de beleza: uma é a beldade e a outra a dignidade. A primeira aplica-se às mulheres enquanto a dignidade é própria dos homens. Ao falar das vestes e ornatos, Cícero pede que os homens não optem pelo ridículo nessa matéria.

41 – No capítulo XL, Cícero disserta sobre a função da palavra, seja na conversação, seja no discurso. Observa então que não faltam regras para orientar a beleza e a eficiência da oratória, mas ainda a conversação é carente de normas gramaticais. Em vista disso, ele propõe que a linguagem em geral seja regida pela clareza e pela severidade.

42 – De modo especial ele exige que a conversação nem seja rude nem solene. Quem usa da palavra não se faça dono do assunto, excluindo a participação dos ouvintes. Importa que ela jamais veicule vício de ordem moral. Quando necessário for repreender, que então não transpareçam ira ou ódio.

43 – No capítulo 42, aborda a questão do decoro na residência. Aí, impera uma regra áurea: "Quem confere dignidade ao lar é o morador e não vice-versa". Por isso nada mais lamentável ouvir aquele refrão: "O' velha casa, quão diverso é teu dono atual."

44 – Voltando-se para o núcleo filosófico da moral, Cícero destaca as três dimensões éticas do ato comportamental. Primeiro, que o apetite obedeça à razão. Segundo, que se avalie a relevância do ato a ser executado; terceiro, em tudo impere moderação. Das três, a mais importante é que o apetite fique submisso à razão.

45 – Com intento de aclarar o conceito de decoro no campo da moralidade, Cícero recorda que os gregos denominavam a ordem e a oportunidade de "eutaxia" ou seja, boa ordem nas coisas. Essa postura é também chamada de "eucairia" ou seja, correta disposição nas coisas. Assim, o decoro comanda a seqüência harmoniosa dos atos humanos sem quebra de coerência e de proporção. Por isso, em conversa séria não se insere piada de baixo calão.

46 – Para encerrar a explanação acerca do decoro, ele lembra que o mesmo controla e impede qualquer dissonância tanto na fisionomia como nos gestos, já que, aí, fica manifesto o timbre da postura ética.

47 – Quase para concluir, Cícero reforça o valor dos bons exemplos advindos de personagens ilustres que brilharam com suas vidas virtuosas.

48 – No capítulo 47, um aceno rápido para o que será, amplamente elaborado nos outros dois tomos dos "Deveres". Cícero descreve a concepção reinante dos que praticam o comércio com fins de mero lucro. Evidente que, hoje, nem tudo aquilo tem validade.

49 – Em todo caso, Cícero antes de encerrar este primeiro tomo dos "Deveres", reprístina e aclara os verdadeiros critérios da honestidade. Diz que o valor do honesto na ação humana deriva de quatro fontes imediatas: o conhecimento, a solidariedade, a fortaleza e a temperança. Por sua vez, a socialidade embasa a justiça. De certo modo, a justiça prevalece sobre a prudência, mas é bem a sabedoria prudencial que comanda a justiça.

50 – Retornando à arte da oratória, Cícero a considera excelente instrumento da comunicação, mas também canal para ser partilhado, socialmente, o saber.

51 – Por isso destaca que a característica maior da eticidade humana procede da natureza social e comunitária do cidadão já que o ser humano só se realiza plenamente na comunhão com o seu semelhante. O valor ético do seu comportamento traz a marca da socialidade.

52 – Cícero encerra o primeiro tomo dos "Deveres", enfatizando que o princípio da socialidade é aferido pela prudência. De fato, embora o senso comunitário seja critério de avaliação positiva para a ética do ato humano, nem tudo que é realizado sob o pretexto de servir ao bem comum por isso só já confirma o teor de honestidade. Eis porque o critério supremo de avaliação emana da virtude da prudência.

Luiz Feracine

Os Deveres

Tomo I

Prólogo

I. Marcos, ó meu filho[1], visto que já vai para um ano que freqüentas, justamente, em Atenas, as preleções de Crátipo[2] e então já estás assimilando os preceitos e as doutrinas da filosofia[3], mediante a autoridade eminente tanto desse mestre como da cidade porquanto dele recebes o saber e daquela os exemplos que te enriquecem.

Tal como eu sempre cuidei de conjugar para minha própria utilidade as letras latinas com as gregas, seja na filosofia, seja na oratória[4], julgo dever proporcionar-te igual oportunidade de sorte a teres domínio, seja em um, seja em outro desses dois idiomas[5].

Com tal modo de agir, tenho contribuído, penso eu, de maneira expressiva, para que nossos concidadãos tanto os ignaros em grego

---

(1) Esta obra é dedicada ao filho do autor, Marcos Cícero. Era costume dos literatos romanos mencionarem, no princípio de suas obras, as pessoas para as quais ou em homenagens às quais o livro era escrito. Este texto "De Officiis" foi escrito no ano 44 a.C. Na época, o jovem Marcos cursava filosofia em Atenas, onde ficaria até fins de abril de 45.
(2) Crátipo, eminente pensador grego, príncipe dos filósofos peripatéticos.
(3) Com os termos "praeceptis instituisque", Cícero sugere que da filosofia emanam "preceitos" ou regras, mas dos exemplos procedem os "institutos". Ali, a doutrina. Aqui, os fatos vivenciados.
(4) Assim, a educação plena postula "ciência" e "modelos vivos", ou seja, teoria e prática.
(5) Em outros lugares, Cícero conta que praticava o exercício de "declamar", discorrendo, discursivamente, sobre temas imaginários, usando das línguas latina e grega (v. "Brutus", 90,310). Evidente que esse duplo instrumental lingüístico-cultural facultava a posse da filosofia e da oratória forense com seu conteúdo jurídico.

quanto os peritos[6] reconheçam ter adquirido algo de não exígua relevância, quer para a comunicação, quer para o discernimento[7].

Estás a aprender do príncipe dos filósofos de nossa época e assim prosseguirás até quando for de teu agrado. Aliás, deves assim continuar enquanto isso for de proveito e não te arrependerás.

2. Lendo também meus textos, não muito distantes, por certo, dos Peripatéticos, já que eles e eu, queremos nos pautar tanto pelo socratismo como pelo platonismo[8], então, no tocante ao conteúdo, que saibas usar do teu discernimento. De minha parte não crio entraves. Em todo caso, lendo textos de minha lavra, alcançarás pleno domínio da língua latina. Ao falar assim, não quero ser visto como arrogante.

Tenho transmitido a muitos o saber filosófico, o que, aliás, reivindico qual direito adquirido porquanto tenho dedicado a tais estudos a minha vida inteira. Eis a razão pela qual eu assumo quanto torna a linguagem do orador própria, adequada, clara e elegante[9].

3. Em base a isso, eu te exorto, ó Cícero meu, a leres, com muito empenho e atenção, não só meus discursos, mas também meus livros de filosofia que quase se igualam àqueles em número[10].

....

(6) Os vocábulos "rudes" e "docti" contrapostos para designar posse e carência de conhecimento na língua grega, Cícero consagra em "Acad. Quaest". 1, 2, onde diz que "docti" são "graecis literis enruditis".
(7) Contrapondo "comunicar-se" ("ad dicendum") a "pensar" ("ad iudicandum"), Cícero entende a "exercitação na arte de falar" e o pensar judicante no plano do saber filosófico.
(8) Segundo Cícero, tanto os Peripatéticos quanto os Acadêmicos professam os mesmos alinhamentos filosóficos de Sócrates e Platão. No tocante aos "deveres morais", Acadêmicos, Peripatéticos e Estóicos reconhecem, unânimes, que o sumo bem consiste na virtude.
(9) No original latino: "oratoris proprium, apte, distincte, ornate dicere". Literalmente: "próprio do orador é falar de modo adequado, distinto e ordenado" – "apte" se refere à escolha de expressões adequadas às coisas e às pessoas (v. "De Orat. III,4, 14, 48)... – "distincte" designa a clareza das partes do assunto tratado; - "ornate" faz alusão às imagens de estilo que enfeitam e agradam.
(10) Na época, Cícero publicara 17 obras filosóficas, mas o número de peças oratórias era setenta. Ele exagera a comparação numérica.

Verdade que neles predomina o vigor da locução, mas, ali, não deixa de ser cultivado um estilo de expressão serena e moderada.

Não vejo ter calhado a nenhum dos gregos a especialização nesses dois gêneros. Ter logrado sucesso, a saber, primar pelo estilo forense de locução a par da fala tranqüila do expositor de temas, talvez apenas Demétrio Falero[11], sutil pesquisador e orador de parca veemência, mas referto de atrativos no qual se identifica um discípulo de Teofrasto.

Não faltará, por certo, quem avalia até a que ponto eu progredi na perfeição desses dois gêneros. Em todo caso, é indiscutível que a ambos cuidei de cultivar.

4. Imagino que Platão, caso quisesse fazer uso do estilo forense de falar, então ele se expressaria com muita gravidade, mas com arroubos de exuberância.

Por sua vez, Demóstenes, se fosse externar o que aprendeu de Platão, fá-lo-ia, com elegância e esplendor. A mesma coisa penso de Aristóteles e de Sócrates. Fato é que cada um deles se apegou ao próprio talento, deixando de lado outras alternativas.

5. Disposto como estou para escrever-te, desta feita, umas tantas coisas e, no futuro, outras mais, apraz-me principiar, dando preferência àquilo que mais convém a tua idade e a minha autoridade.

De fato, dentre os muitos termos da filosofia, todos eles já tratados pelos pensadores, com singular relevância e amplitude,

....
(11) "Demétrio Falero: quando Cícero classifica o "Phalereus" dentro da classe dos oradores, no livro "Brutus" 9, 37-38, diz:"delectabat magis athenienses quam inflammabat...et suavis videri maluit quam gravis". Na passagem 81, 121, do mesmo livro, escreve "quis Aristofelo nervosior, Theophrasto dulcior".

salta à vista a incidência freqüente com que tratam e preceituam acerca dos deveres.

Nenhum setor da vida, nem pública, nem privada, seja em negócio de alçada jurídica, seja de caráter doméstico, quer tratando de assunto individual, quer de contrato bilateral, nada se exime das obrigações ou deveres. Aliás, no cultivo deles, configura-se a inteira honestidade da vida, ao passo que a preterição de seus valores acarreta torpeza.

6. Aí está uma questão comum a todos os filósofos. Aliás, quem ousaria denominar-se filósofo se não tratasse dos preceitos relativos aos deveres? Apesar disso, abundam correntes de pensamento que, ao definirem os conceitos de bem e de mal, pervertem todo o sentido de dever ou obrigação.

Quem conceitua como bem supremo algo nada de relacionado com a virtude e mensura-o pelo próprio interesse e não pela honestidade[12], esse indivíduo será, sim, coerente consigo mesmo, quando não se deixa conduzir pela bondade da natureza, no entanto, já não poderá, sob tal perspectiva, cultivar a amizade, nem a justiça, nem a liberdade, do mesmo modo como não poderá ser tido como forte quem julga a dor um mal máximo nem ser temperante quem faz do prazer o bem por excelência.

7. Tais coisas são de tal evidência que dispensam demonstrações. Aliás, alhures, já foram tratadas por nós.

De fato, aquelas doutrinas, para serem coerentes com elas mesmas, fazem total omissão dos "deveres" e por isso deles não declinam nenhum preceito sólido, estável e em conexão com a natureza. Isso só pode ser apresentado por quem concebe a honestidade ou como bem único ou como supremo.

....
(12) O valor supremo da moralidade, Cícero o denomina "summum bonum" ("sumo bem"). Evidente que o bem supremo, na ordem da moralidade, expressa o ideal da plenitude da honestidade.

8. Não paira dúvida que essa doutrina é própria dos Estóicos, Acadêmicos e Poripatéticos, já que as opiniões de Aristão, Pirro e Erilo[13] foram rejeitadas há tempo e com repulsa de indignação.

Eles até que teriam tido algum direito em discutir em torno dos "deveres", desde que tivessem admitido existir, no mundo das realidades, certa distinção que abrisse pista para a pesquisa acerca das obrigações[14].

No presente estudo e nesta oportunidade, seguiremos, de preferência, os Estóicos, mas não como meros intérpretes[15] deles, e, sim como, aliás, é de nosso feitio, abeberando-nos em suas fontes só quando isso nos parecer adequado sem nunca abdicar do ponto de vista pessoal e de nosso arbítrio.

....

(13) Três discípulos de Zénão, o cínico. Eles reduziam a mesma equivalência a verdade e o erro, o vício e a virtude, o bem e o mal. Eram rejeitados por pregarem doutrinas absurdas e ridículas.
(14) "Haberent ius suum" : teriam seu direito. Os referidos filósofos da corrente cínica não distingem a verdade do erro nem a relação dos valores morais com os atos humanos. Ora, tal indiferença diante dos elementos que compõem o juízo ético-moral não os credencia para avaliarem o senso ético-axiológico das obrigações morais ou deveres: "officia".
(15) "Uti interpretes". Como "tradutores". No livro "Tusculanae Disputationes, III,18,41, Cícero fala da função do tradutor:"fungar interpretis munere".

Capítulo I

As duas dimensões do "dever".

Já que a explanação em torno dos "deveres" está por começar, apraz-me, preliminarmente, definir o que é "dever". Aliás, admiro a omissão de Panésio a tal respeito. De fato, quem propõe elucidar algum tema, deve partir da definição de modo a dar a entender de que está tratando.

Qualquer investigação acerca do "dever" implica dois questionamentos. Um genérico que aponta para a finalidade dos bens; outro que se apóia nos preceitos com os quais a prática da vida, em todos os seus quadrantes, há de estar em consonância[16]. O primeiro enfoque põe perguntas como estas: as obrigações são todas elas igualmente perfeitas? Há dever mais importante do que outro[17]? E, se há, de que tipo é ele?

....

(16) Cícero declara, aqui, que a filosofia moral ocupa-se de dois objetos: um geral e outro prático. Um versa sobre o bem em si, algo abstrato. Outro mais concreto refere-se à prática. Determina o valor ético de cada ato. Essa adequação da vida com o princípio ético-moral, Cícero expressa assim: "... quibus in omnes partes usus vitae confirmari possit": "... com os quais os atos da vida possam conformar-se em toda manifestação".
(17) O mesmo questionamento Cícero apresenta no livro "De Fine" ("Acerca do fim"), V, 83.

Embora os deveres dos quais emanam preceitos mirem a finalidade das coisas boas[18], nem por isso ficam a salvo de certa obscuridade, quando passam a disciplinar a vida de cada dia. É bem a propósito disso que pretendo tecer elucidações, ao longo destes livros.

Há também outra classificação dos deveres. Fala-se tanto de um dever médio quanto de um dever perfeito[19].

O que os gregos designam com o termo "Katorthoma", nós denominamos dever correto, isto é, perfeito, enquanto eles falam de "Kathekon" para indicar o dever comum. Assim definem como reto o dever perfeito e comum o que se executa com motivação baseada em fundamento de probabilidade.

---

(18) Essa finalidade derradeira e suprema do bem é o conceito de "sumo bem". A axiologia moderna fala do bem máximo em si. No passado, havia filósofos como Aristão que pensavam ser suficiente ter noção de "sumo bem" para iluminar a dimensão ética dos casos particulares. Cícero vai mais longe e alerta para algumas dificuldades.
(19) Os Estóicos distinguiram entre deveres perfeitos e médios ("mesos"). Uma coisa é o valor da vida em si; outra, quando está em apreço a autodefesa. No resguardo da própria vida, prevalece o ato lesivo à vida alheia.

Capítulo II

Método para deliberar sobre os deveres

Segundo Panésio, tríplice é a deliberação, no ato decisório que avalia o honesto e o torpe. Com freqüência, a mente bifurca-se em opiniões contrárias. Aí, questiona, ponderando, sobre as vantagens, seja para a comunidade, seja para as delícias da vida como subsistência, riquezas, poder e ascendência, de modo a ir, assim, ao encontro das próprias necessidades e ainda das alheias. Nessa avaliação prevalece o senso de utilidade.

Ocorre então o terceiro momento de dúvida, quando aquilo que parece ser útil confronta-se com a honestidade. Com efeito, de um lado, o útil atrai de modo impulsivo, do outro lado, a honestidade cativa com vigor. Resulta daí que o ânimo fica num impasse de indecisão e torna-se hesitante[20].

Na divisão, acima, foram omitidas (e preterir algum componente em classificação é defeito grave), duas coisas. Não ocorre apenas deliberar se algo é honesto ou torpe, mas, perante

----

(20) No latim "anceps cura": designa aquela angustiante incerteza entre o atrativo do útil e a beleza da virtude. Etimologicamente, o termo "anceps" designa: "cabeça dupla". Daí, o significado de dúvida e de ambigüidade

duas coisas honestas, definir qual a mais honesta e ainda, quando se apresentam duas coisas úteis, saber qual delas é a mais útil[21].

Assim fica claro que a tríplice classificação desdobra-se em cinco vetores. O primeiro versa acerca do honesto, sob duplo aspecto; depois, segundo o mesmo modo, aquilo que é útil: por último, a comparação avaliativa entre ambos.

----

(21) *No terceiro livro deste curso de filosofia ético-moral, Cícero vai deter-se, a longo, sobre a relação entre utilidade e honestidade.*

Capítulo III

Os princípios naturais da honestidade

Antes de tudo, a natureza muniu cada espécie animal de meios para tutelar a vida e o corpo de modo a evitar coisas nocivas, mediante a busca e a posse do necessário tal como alimento, abrigo e o mais desse gênero.

É também comum a todos os animais o apetite do acasalamento para a procriação a par de certo desvelo pelas crias. Aqueles, guiados apenas pelos sentidos, comprazem-se, de pronto, com o que têm à frente, sendo-lhes irrelevantes o passado e o futuro. Ó homem, ao invés, partícipe que é da racionalidade, graças à qual mede as projeções futuras e o tempo pregresso, compara semelhanças, une o presente com o porvir, numa antevisão rápida de todo o percurso da vida. Assim providencia quanto é necessário para direcionar sua conduta.

A própria natureza, pela força da razão, concilia homem com homem para a socialidade, seja da comunicação, seja da convivência. Antes de tudo, engendra, no seu íntimo, uma afeição singular pelos filhos. Impulsiona-os para encontros e celebrações. Por esse motivo cada um se diligencia por possuir os recursos de sustento e de comodidade, mas também para o cônjuge e os filhos como ainda para todos que lhe são caros e aos quais deve proteção. Aliás, devotamentos que tais afervoram o ânimo e estimulam para os sucessivos empenhos.

Acima de tudo é próprio do homem a investigação e a descoberta da verdade[22]. Quando está desembaraçado de encargos e afazeres em busca do necessário, então ele fica ávido de ver, ouvir e aprender. De fato, reputa-se qual condição de vida feliz o conhecimento de coisas ocultas e admiráveis. Eis porque o verdadeiro, o simples e o puro, tudo isso é sumamente adequado à natureza do ser humano[23].

A tal de volúpia para conhecer a verdade está acompanhada de certa apetência para o principado[24]. Por isso um caráter bem dotado pela natureza não admite submissão a ninguém, com ressalva para quem ensina ou preceitua de modo justo e legítimo aquilo que é de real utilidade[25].

Daí também originam-se a grandeza de ânimo e o desprezo pelas coisas humanas[26].

Além disso, nada diminuta aquela força da natureza e da racionalidade, graças à qual o homem é o único vivente capacitado para discernir a ordem, o decoro das coisas e o comedimento no

....

(22) Em latim: "Imprimisque hominis propria veri inquisitio atque investigatio".
(23) Em latim: "Ex quo intellegitur quod verum, simplex sincerumque sit, id esse naturae hominis aptissimum".
(24) Cícero usa, aqui, o termo "principado" para traduzir a idéia de autonomia, independência.
(25) Em latim: "Huic veri videndi cupiditati adiuncta est appetitio quaedam principatus, ut nemini parere animus bene a natura informatus velit nisi praecipienti aut docenti aut utilitatis causa iuste et legitime imperanti".
(26) Esse tipo de personalidade bem estruturada moralmente, Cícero descreve no "De Fine":II, 14,46. Sêneca consagra alguns livros ao mesmo tema.

agir e no falar. Assim, das coisas que os olhos contemplam, nenhum outro animal percebe a beleza, a elegância e a harmonia das partes. A natureza e a razão, ao repassarem para o espírito imagens que tais, estão a advertir para o nível de beleza, de constância e de ordem nas decisões e no comportamento de sorte a ser evitado, no agir, modos indecorosos ou afeminados. Enfim, no pensar e agir, nada cogitem nem façam que descambe para a libertinagem.

De tudo isso reflui e configura-se o objeto desta nossa pesquisa, a saber, a honestidade em si. Esta, mesmo quando não respeitada, não deixa de ser o honesto que é[27].

Podemos até assegurar: ainda que por ninguém louvada, a honestidade persiste, por sua própria natureza, louvável[28].

---

(27) O bem honesto consubstancia um valor em si. Ele vale pelo que ele é, independentemente de qualquer utilidade adicional.
(28) Em latim: "...honestum...etiam si a nullo laudetur, natura esse laudabile".

Capítulo IV

As fontes de onde jorram honestidade e deveres

Marcos, filho meu, estás a ver a forma, quase diria, a face mesma da honestidade em si. Como dizia Platão: "Fosse contemplada pelos olhos, ela despertaria eflúvios de amor à sabedoria[29]".

Eis que tudo quanto é honesto emana de uma destas quatro fontes: ou consiste na percepção solerte da verdade; ou na preservação do convívio humano enquanto é dado a cada um o que lhe pertence e como manter fidelidade nos contratos; ou na grandeza e intrepidez de ânimo inquebrantável; ou na ordem e medida em tudo o que se diz e faz. Isso é próprio da moderação e temperança[30].

Estas quatro fontes, ainda que ligadas entre elas e entrelaçadas de modo a implicarem uma na outra, de cada uma delas proflui um tipo específico de obrigação ou dever.

....
(29) Ver, no diálogo platônico: "Fedro".
(30) Aqui são mencionadas as quatro virtudes cardeais: a prudência, a fortaleza, a justiça e a temperança. De cada uma Cícero apresenta dois aspectos.

Seja assim a primeira. Nela colocamos a sabedoria e a prudência. Aí, a busca e a descoberta da verdade configuram a função específica dessa virtude.

Com efeito, quem discerne, com agudeza, o reflexo da verdade em tudo porquanto, de pronto, atina em ver e em explicar o fundamento das coisas, tal indivíduo, por via de regra, é tido na conta de eximiamente prudente e singularmente sábio. Por isso a verdade está submetida a essa virtude como matéria da qual ela trata e na qual ela se revela.

As outras três virtudes ocupam-se da procura e da manutenção dos recursos a serem industriados e mantidos, já que isso absorve toda a prática existencial que se explicita no cultivo da socialidade e na união entre os seres humanos. Aí, esplendem a sublimidade e a magnitude de ânimo tanto no modo de acrescer o próprio patrimônio e de adquirir utilidades para si como para os seus quanto ainda, de maneira muito egrégia, no desprezo a essas mesmas coisas[31].

Em suma, a ordem, a constância, o comedimento e as outras virtudes afins versam sobre aquele gênero que requer a prática do agir e não apenas da reflexão. Assim mantemos a honestidade e o decoro na vida, quando sabemos impor certa moderação e ordem em tudo que a compõe[32].

....
(31) Como se vê, o "desapego" aos bens materiais que qualifica de modo especial o espírito ascético do misticismo teológico apregoado pela Igreja Católica de Roma, não é nada original dela. Os pagãos seguidores da filosofia estóica, pregam, ostensivamente, o desprezo aos bens materiais. Cícero e Sêneca são bem explícitos a esse respeito.
(32) Em latim: "His enim rebus quae tractantur in vita, modum quemdam et ordinem adhibentes honestatem et decus conservabimus".

Capítulo V

A Prudência

Dentre as quatro fontes de onde se depreende a matéria e a força da honestidade, nenhuma está tão perto da natureza humana como a primeira que consiste no conhecimento do que é verdadeiro.

Efetivamente, todo indivíduo é atraído e estimulado pelo desejo de conhecimento e de ciência. Reputamos algo de sublime primar nisso. Ao contrário, tem-se por ruim e torpe equivocar, errar, ignorar e ser enganado.

Nesse vetor do natural e do honesto, devemos nos precaver de dois vícios. Primeiro, o de tomar por já sabido o desconhecido, dando um assentimento precipitado. Quem pretende pôr-se a salvo desse vício (e não há quem não o queira), use do tempo e da diligência no ato de ponderar.

O outro vício consiste em dedicar excessivo empenho, pugnando por coisas obscuras e dificultosas, quando desnecessárias.

Uma vez descartados tais vícios, então direcionar o esforço e o cuidado em conhecer coisas honestas e dignas. Isso é louvável a todo título.

Conforme contam, era o que Caio Sulpício fazia em astrologia. O mesmo eu vi Sexto Pompeu fazer em geometria e muitos outros, quer em estudos dialéticos, quer em direito civil.

Em suma, todas aquelas artes perseguem a verdade, mas preterir os afazeres normais da vida seria agir contra o dever.

O mérito integral das virtudes consiste no agir desde que, de quando em quando, abra espaço para o retorno aos estudos. A atividade mental, que nunca entra em repouso, pode desencadear o processo cognitivo mesmo sem participação de nossa parte.

Ora, todo o nosso pensamento e outros movimentos da alma estão direcionados ou para deliberar a cerca de questões da honestidade enquanto adequadas ao teor da vida digna e feliz bem ainda para o estudo da ciência e da sabedoria.

Destarte, dou por explanada a primeira parte dos "deveres".

Capítulo VI

A Justiça

Das três remanescentes virtudes, a mais abrangente é a que abarca a socialidade dos homens entre eles e a vida em comunidade.

As suas fontes são duas. Primeiro, a justiça em cujo fulgor a virtude esplende ao máximo. É por ela que os homens denominam-se pessoas de bem. A ela se une a beneficiência também chamada de benignidade ou liberalidade

O primeiro dever da justiça edita não prejudicar a ninguém, salvante o caso de provocação injuriosa; depois, manda usar das coisas coletivas como comuns e as particulares como próprias[33].

Por natureza, nada é do domínio privado, mas assim algo se torna por ocupação, desde eras remotas, como ocorre com quem se estabelece em área desocupada ou então mediante a conquista bélica ou adquire por lei, convenção, partilha e até mesmo por sorte.

....
(33) Em latim: "Sed iustitiae primum munus est ut ne cui quis noceat, nisi lacessitus iniuria; deinde ut communibus utatur pro communibus, privatis ut suis".

Essa a razão pela qual o território Arpino pertence aos arpinates e o de Túsculo aos tusculanos. O mesmo vale para a justificativa de outras posses privadas.

Por conseguinte, assim como o que era comum por natureza torna-se privativo de modo que cada um retém o que lhe cabe por qualquer ventura, de igual maneira investe contra o direito da sociedade humana quem ambiciona possuir em demasia[34].

Como Platão escreveu, de modo egrégio, não nascemos apenas para nós[35], mas de nossa vida a pátria reivindica uma parte, sendo que a outra parte cabe aos nossos amigos e, como gostam de falar os Estóicos, tudo quanto se produz, neste mundo, destina-se ao uso dos seres humanos, já que os homens, por sua vez, foram gerados em razão de seus semelhantes de modo a poderem uns auxiliar os outros.

Nisso devemos tomar a natureza como guia[36], pondo em disponibilidade os serviços comuns, com sua alternância de dar e de receber tanto na competência como na eficácia de nossos talentos. Assim estreita-se a sociedade de homens entre homens.

---

(34) Em latim: *"Ex quo quia suum cuisque fit, eorum, quae natura fuerant commumia, quod cuique obtigit, id quisque teneat; eo, si quis sibi plus appelet, violabit ius humanae societatis"*.
(35) Em latim: *"non nobis solum nati sumus.."*.
(36) Em latim: *"...in hoc naturam debemus ducem sequi.."*.

Capítulo VII

A FIDELIDADE, FUNDAMENTO DA JUSTIÇA

O fundamento da justiça reside na boa-fé, isto é, na fidelidade e na verdade em compromissos assumidos.

Isso até pode parecer rígido, mas ouso perfilhar a doutrina dos Estóicos que são atilados no rigor da linguagem. Acreditamos na fidelidade tal como é referida porque o que é dito também será feito.

Há então duas espécies de injustiça. A primeira consiste na prática do mal. A segunda, quando, embora havendo condições, não é revidada a ofensa recebida. Com efeito, quem, de modo injusto, acomete contra seu semelhante, incitado por ira ou por qualquer outra perturbação, está a desferir golpes contra seu parceiro de convívio social. De outro lado, quem não se opõe nem rechassa a injúria, desde que a seu alcance, descamba para a mesma culpa de quem desampara pais, amigos e pátria.

Aquelas injustiças praticadas de modo acintoso, com o fito de prejudicar, nascem, crebras vezes, do medo porque quem planeja causar o mal aos outros teme, caso assim não proceda, acabar sendo alvo de algum malefício. A maioria toma iniciativa, em casos de injúria, para assegurar alguma vantagem. Aí, a avareza é o motivo mais freqüente.

As riquezas são procuradas tanto para o atendimento das necessidades da vida quanto para o desfrute de amenidade. Nos indivíduos de caráter aprimorado, o atrativo para a riqueza visa, sim, o poderio, mas como disponibilidade para beneficiências. Assim, de recente, Marco Crasso dizia nunca serem, suficientemente, grandes os recursos para quem, na vida pública, deseja sobressair aos demais, mas faltam-lhe meios para abastecer o exército.

Há, sim, os que se deleitam com o aparato do luxo sem poupar prodigalidade e elegância. Para levar a cabo tais ambições, a cupidez de dinheiro não ignora limites. Nem por isso a dilatação do patrimônio familiar deve ser condenada como sendo nociva para qualquer um, mas, antes, é a injustiça que deve sempre ser evitada.

Muitos se esquecem dos deveres da justiça, principalmente, quando ingressam nas sendas de cargos públicos, de honrarias e de glória. É quando a sentença de Ênio aplica-se em cheio:

"Nenhum pacto inviolável;
nenhuma fidelidade no poder"

Eis uma verdade com múltipla aplicação[37].

Em todo caso, nos interesses de tal gênero, onde apenas alguns conseguem êxito, aí, eclodem tamanhas contendas que chegam a inviabilizar a validade do pacto social. Isso ficou evidenciado, há pouco, quando a ousadia de Caio César, tangido pela volúpia do

....
(37) Em latim: "id latius patet".

poder, subvertendo o sentido do principado, tripudiou sobre todos os direitos divinos e humanos.

Lamentável, em tais episódios, que pessoas de grande talento e dotadas de gênio para coisas excelsas, quase sempre ficam alucinadas pela paixão da honra, da governança, do poder e da glória.

Nessa área todo cuidado é pouco para evitar prevaricação[38].

....
(38) Aqui, Cícero emprega a palavra "pecado" que vai ser expressiva, no vocabulário da Igreja Católica que, logo mais, implanta-se, em Roma. Seja o lance, em latim: "quo magis cavendum est ne quid in eo genere peccetur".

Capítulo VIII

Os graus de injustiça

Em qualquer ato de injustiça é de máxima relevância avaliar se a injúria resultou ou de alguma perturbação da mente ou de deliberação proposital.

É menos grave aquela que advém de algum impulso passageiro do que a outra que é deliberada e praticada após premeditação e de modo acintoso.

Isso é quanto basta ao que tange à prática de injustiças.

Capítulo IX

As causas da incúria na defesa

Diversas são as causas das preterições, seja na defesa dos outros seja do próprio dever. Teme-se ou enfrentar inimizades ou assumir trabalhos e gastos. Também há impedimentos oriundos ora da negligência ora da inércia ora dos empenhos voltados para algumas ocupações. Daí decorre que aqueles aos quais incumbe tutelar sofrem abandono[39].

Para tais casos parece calhar o que Platão dizia dos filósofos, asseverando andarem eles bem avisados, quando se aplicavam ao estudo da verdade, deixando à margem e tendo por ninharia o que a maior parte dos homens apetece, com veemência, a ponto de digladiarem entre eles. Em decorrência disso, se, de um lado, ficam a salvo de incidência em ofensas aos outros, em contrapartida, já que absortos em suas ocupações, desamparam a quem são obrigados a dar proteção.

Daí a opinião dos que pensam não deverem tais indivíduos ter acesso a postos do governo, exceto se constrangidos a tanto. Mais eqüitativo fora se isso ocorresse de modo espontâneo.

....
(39) Este final em latim: "...ut eos quos tutari debeant, desertos esse patiantur".

Aliás, pelo fato mesmo de algo ser justo, para ter retidão tem que ser voluntário[40].

Também há aqueles que, seja por causa do zelo aos interesses familiares, seja por certa aversão aos semelhantes, professam cuidar, com exclusividade, de seus próprios negócios a fim de não cometerem injúria a ninguém. Destarte, enquanto se preservam da primeira espécie de injustiça, findam por incorrer na segunda. Ao alienarem-se da vida de sociedade, em nada colaboram para o bem da mesma nem com obras nem com seus talentos.

Tendo sido apresentadas as duas espécies de injustiça com suas respectivas causas, seja, agora, de entrada, a demonstração do conteúdo sobre o qual a justiça versa.

É fácil discernir a obrigação ou o dever em determinada conjuntura, posto que não se erija o amor próprio em critério de prioridade.

Sim, nada fácil ter interesse em negócio alheio[41] ainda que se leia, em Terêncio, que para Cremez "nada de humano lhe era indiferente"[42], fato é que temos olhos para ver e avaliar tudo quanto acontece de venturoso ou de adverso em relação a nossa subjetividade, mas nada enxergarmos daquilo que ocorre com os outros. Aliás, aqueles interesses só os deslumbramos, à distância, numa atitude diferente ao que nos toca. Por isso está correto quem veta agir sem antes saber, ao certo, se algo é legítimo ou não. A retidão manifesta-se por si mesma. A dúvida já implica conluio com a injustiça[43].

....

(40) Em latim: "Itaque eos ad rem publicam se acessuros quidem putat, nisi coactos. Aequius autem erat id voluntate fieri". Segundo Cícero, uma ação intrinsecamente correta torna-se justa enquanto voluntária. Isso porque o elemento "voluntário" é essencial na qualificação ético-moral dos atos humanos.
(41) Em latim: " est enim difficilis cura rerum alienarum".
(42) Em latim: "... humani nihil a se alienum putat".
(43) Em latim: "quocirca bene praecipiunt qui vetant quidquam agere quod dubites, aequum sit an iniquum. Aequitas enim lucet ipsa per se; dubitatio cogitationem significat iniuriae".

Capítulo X

Os deveres e as circunstâncias de tempo

Casos há, até com freqüência, em que, consoante as circunstâncias de tempo, aquilo que parecia ser tão digno da parte de uma pessoa justa e reconhecida como de bem, transmuda-se no contrário tal como restituir um depósito a indivíduo demente ou não cumprir uma promessa.

Também coisas que pertencem à verdade e à fidelidade perdem a conotação própria de sorte que o oposto torna-se justo.

É então necessário remontar àqueles dois fundamentos da justiça, acima mencionados: primeiro, não causar prejuízo a ninguém; depois, servir ao bem comum[44].

Ora, com a mudança das circunstâncias temporais, a passo igual, pode ocorrer que as obrigações já não mantenham o mesmo teor. Assim é possível que sustentar determinada palavra empenhada ou um pacto, quando levados à execução, ou tornam-se inúteis ou degeneram em detrimento, seja do promitente seja do promissário.

---

(44) Em latim: "... primum, ut ne cui noceatur; deinde, et communi utilitati serviatur".

Não tivesse Netuno, como reza a fábula, mantido a promessa feita a Teseu, este não teria perdido o filho Hipólito. Consta da mesma versão que das três súplicas avançadas por Teseu[45], a terceira, formulada em estado de ira, exigia a morte de Hipólito. Uma vez atendido, caiu em profunda amargura.

Por essa razão não devem ser cumpridas aquelas promessas que possam ser nocivas para aquele a quem tenhas prometido.

Também não é contra o dever que ao menos sobreponha-se o mais, posto que aquilo que tinhas prometido seja-te mais prejudicial do que o benefício daí decorrente.

Assim se tivesses acertado com alguém comparecer, no tribunal, como advogado dele e, se, entrementes, o teu filho adoece, gravemente, não configuraria violação do teu dever o fato de não cumprires quanto havias prometido.

Por sua vez, aquele com quem tinhas assumido o compromisso, conflitar-se-ia com o dever, se levantasse queixa por ter sido abandonado.

Além disso, não há quem não veja que promessas formuladas sob intimidação ou falsas pretensões, não devem ser cumpridas. Aliás, no que diz respeito ao direito pretoriano, são elas sem efeito porque tidas como nulas por força da lei.

---

(45) No livro 3º, 25, 94 desta obra sobre "Os Deveres", Cícero retorna ao caso de Teseu.

Capítulo XI

Injustiça e interpretação da lei

Existem, sim e amiúde, injustiças que nascem de certo tipo de cavilação que distorce a interpretação do direito. Daí aquele aforismo famoso: "no sumo direito, a suma injúria[46]". Em erro de tal quilate incide gente à testa do poder público[47]. Assim aquele que, depois de pactuar uma trégua de trinta dias com o inimigo, punha-se, à noite, a devastar-lhe as plantações, sob o pretexto de que a cessação da hostilidade só valia para o período diurno. .

Tão pouco granjeia aplausos o nosso G. Fábio Labeão (se é que foi ele mesmo, pois disso só tomei conhecimento de oitiva), quando de sua escolha como árbitro pelo Senado para a questão dos limites territoriais entre Nolanos e Napolitanos. Chegado que foi ao local, parlamentou, em separado, com as partes, concitando-as a não agirem, com avidez, e darem preferência a retroceder e a perder terreno. Como eles acordassem sobre isso, sobrou, no meio da área, uma faixa de terra. Assim que os limites foram fixados, ele adjudicou as terras neutras ao povo romano.

....
(46) Em latim: "Summum ius, summa iniuria".
(47) Em latim: "quo in genere etiam in republica multa peccantur". Aqui, volta o verbo "peccare" que vai ser assumido no linguajar teológico da Igreja Católica, logo mais.

Ora, isso é fraudar e nunca fazer arbitramento[48].

Por conseguinte, seja lá em que assunto for, devemos refugir de semelhante sagacidade[49].

Há também certas obrigações em face daqueles dos quais recebemos ofensa.

Existe, sim, medida tanto na vingança como no castigo. De minha parte, penso ser suficiente que o ofensor arrependa-se do seu ato injusto e não reincida, enquanto outros ficam menos prontos para agredir.

---

(48) Em latim: "Decipere hoc quidem est, non iudicare".
(49) Em latim: "quocírca in omni re fugienda est talis sollertia".

Capítulo XII

A equidade na guerra

É de máxima relevância que, em nossa República, sejam respeitados os direitos bélicos.

Já que dois são os modos de contender, um mediante a disputa persuasiva e outro com o recurso à força, então o primeiro é mais adequado ao ser humano ao passo que o segundo é típico dos animais.

Verdade que pode ocorrer seja forçoso lançar mão desse segundo recurso, posto não haver como fazer uso do primeiro.

Justifica-se fazer guerra pela razão acima referida, isto é, para afastar agressões e estabelecer a paz.

Uma vez alcançada a vitória, sejam poupados aqueles que não se mostraram cruéis nem desumanos. Assim procederam nossos maiores com os Tusculanos, os Équos, os Volscos, os Sabinos e os Érnicos[50] que foram integrados em nossa civilização.

---

(50) Povos vizinhos de Roma.

De Cartago e Numídia não deixaram pedra sobre pedra. Não desejaria o mesmo para Corinto. Creio terem tido razões soberanas para isso. Talvez a topografia do local poderia insuflar para novas guerras.

No meu entender, devemos nos orientar no sentido de conseguir uma paz que não se torne matriz de revoltas.

Aliás, se eu tivesse sido ouvido,[51] a República que, hoje, já não existe, por pequena que fosse, ainda estaria sobrevivendo.

No tocante aos que foram vencidos pela força, será de todo aconselhado proteger aqueles que depuseram as armas e refugiaram-se sob a complacência dos generais, ainda que os aríetes persistissem em ação[52].

Em situações como essas, nossos maiores tomaram a peito o culto à justiça a ponto de receberem, sob sua proteção, cidades e nações vencidas em batalha, com o fito de estabelecerem parcerias em pactos tal como faziam seus antepassados[53].

A equidade, na guerra, sempre foi urgida com rigor estrito e sacro pelo direito fecial[54] do povo romano. De onde se infere que guerra alguma pode ser justa, salvo aquela que for ou precedida de tentativas de entendimento ou previamente anunciada e, por fim, declarada.

....
(51) Cícero fora escolhido e nomeado mediador entre César e Pompeu.
(52) Havia então uma lei militar que vetava destruir as muralhas, após a rendição.
(53) Assim os Marcelos tornaram-se patronos dos Sículos e os Fábios dos Alóbroges.
(54) Fecial era o sacerdote encarregado do anúncio sobre a guerra ou paz. Nas monarquias medievais a fecial denominava-se "arauto". Ele era incumbido de transmitir mensagens importantes para o povo. Era o porta-voz dos reis.

Pompílio[55] ocupava uma província como general e, no seu exército, militava o filho de Catão como recruta. Tendo decidido licenciar uma das legiões, também dispensou o jovem que servia na mesma. Interessado em permanecer, nas fileiras, por gosto de combate, seu pai escreveu a Pompílio, exigindo que, caso consentida a permanência do jovem sob as armas, que então fosse submetido a um segundo juramento militar porque, desobrigado do anterior, já não poderia, a justo título, combater o adversário.

Eis até que ponto chegava o estrito rigor, em se tratando de promover guerra.

Existe a carta que o velho Catão remetera ao filho Marcos. Ali, escreve ter sido informado da demissão ordenada pelo cônsul, quando era travada a guerra, na Macedônia, contra o rei Perseu. Na mesma, adverte o filho para que, de forma alguma, entrasse em combate porquanto quem não é militar não tem o direito de pelejar contra o inimigo.

Vem, a propósito, esta minha observação. Aquele que, outrora, era denominado "inimigo", também designava-se com a palavra "hostis", com abrandamento do significado rude. Com efeito, por "hostis" nossos antepassados entendiam o que, agora, designamos como "peregrino" tal como faz a Lei das Doze Tábuas[56] "aut status dies cum hoste" (ou dia convencionado com o forasteiro" e "adversum hostem aeterna auctoritas" ("em

....
(55) *O cônsul Pompílio Lenate governou a Ligúria, dois anos antes de chefiar a guerra na Macedônia.*
(56) *Quando foi implantado, em Roma, o sistema republicano em substituição ao regime dos reis, a fim de vitalizar o Estado com uma nova ordem jurídica, foram escolhidos alguns representantes do povo com a missão de irem à Grécia e retirarem das leis de Sólon e de Licurgo paradigmas adequados à nação romana. A compilação daqueles artigos legislativos foram estampados em "Doze Tábuas" ou placas de metal. Serviram também para fundamentar a evolução do "Direito Romano".*

face do forasteiro a autoridade constante"). Ora, que mansidão haveria igual a essa que confere nome tão brando a quem nos faz guerra? A própria antiguidade tornou esse nome mais áspero e assim desapareceu o sentido de "forasteiro", permanecendo o de quem luta contra nós.

Eis porque, estando em pauta uma guerra motivada pelo interesse público ou mesmo só pela glória, devem sempre concorrer aquelas mesmas condições, acima explicitadas, como fundamento de justa beligerância. Em se tratando de guerra, movida só pela glória da pátria, não cabe usar de violência extremada.

Um é o procedimento, quando se entra em contenda com o inimigo e outro, quando se trata de mero competidor. Aqui, o pleito versa sobre questão de glória e de mérito, ao passo que, ali, o interesse é de vida e de fama.

De igual modo, os romanos beligeraram contra os Celtiberos e os Cimbros[57] porque estava em jogo não apenas a hegemonia e, sim, a sobrevivência mesma. Ao invés, contra os latinos, os Sabinos, os Samnitas, os Cartagineses e Pirro, o conflito objetivava a dominação.

Os Cartagineses rompiam os tratados. Aníbal foi cruel, enquanto os outros povos eram mais moderados. De Pirro ficaram aquelas palavras memoráveis a respeito do resgate de prisioneiros:

"Eu não peço ouro nem para mim nem para resgate. Não somos mercadores de guerra. Com a espada e não com ouro, decidimos quanto vale a vida. A quem o destino conduz possuirá o império
....
(57) Os Celtiberos eram povos da Espanha, oriundos da Gália Céltica conhecidos como ferozes, edificaram a capital Numância, destruída por Africano segundo. Os Címbros eram de origem germânica. Foram vencidos por Mário.

pelo valor, seja eu, sejam vocês. Darei liberdade a quantos forem poupados pela força das armas. Levarei vossos companheiros; eu os entrego porque assim querem os deuses[58]".

Sem dúvida, nada mais digno de um rei da estirpe dos Eácidos[59].

Ainda que, no âmbito privado, impelido pelas circunstâncias, alguma promessa foi feita ao adversário, a palavra deve ser mantida. Assim procedeu Atílio Régulo, quando da primeira guerra púnica. Feito prisioneiro, fora enviado a Roma, a fim de negociar a libertação dos cativos, sob juramento de retorno. Assim que chegou, dissuadiu o Senado de ceder na negociação acerca dos prisioneiros; depois, embora parentes e amigos tentassem detê-lo, preferiu retornar e submeter-se ao sacrifício do que quebrar a palavra empenhada junto ao inimigo.

Na segunda guerra púnica, depois da batalha de Canes, os dez que Aníbal mandara a Roma, vinculados por juramento de regresso caso não obtivessem êxito na extradição de prisioneiros, caíram todos eles no crime do perjúrio e por isso ficaram inscritos, enquanto vivos, no rol dos tributários[60] por ordem dos censores, incluso aquele que apresentara desculpa para, de modo fraudulento, libertar-se do compromisso.

Com efeito, esse tal, tendo deixado o acampamento, com autorização de Aníbal, pouco depois voltou atrás, alegando ter-se esquecido de alguma coisa; em seguida, ao retomar a estrada, julgou-se liberado do juramento porque se obrigara só pela palavra

....
(58) *São versos de autoria de Ênio, no livro V dos "Anais".*
(59) *Pirro era descendente de Eaco, filho de Júpiter.*
(60) *Eram denominados "aerearii" aqueles cidadãos que haviam perdido os direitos civis, mas continuavam, integrados na sociedade romana, como meros "contribuintes" do erário ou cofre público.*

e não por algum fato. Em questão judiciária, porém, prevalece a intenção e não só a palavra.

Exemplo esplêndido de justiça em relação ao inimigo foi dado por nossos ancestrais, quando um desertor de Pirro prometeu, no Senado, envenenar e assim matar o rei. Apesar disso, o Senado e C. Fabrício entregaram-no às mãos de Pirro. Destarte, não aprovaram a morte dolosa nem mesmo de um inimigo poderoso que, a capricho, movia-lhes a guerra.

Assim, acerca dos deveres em situação de guerra, já explanei o suficiente.

Capítulo XIII

A justiça para com os escravos

Apenas falta recordar que devemos usar de justiça também com os subalternos. Ora, não existe condição e sorte mais degradante do que a de escravo. Por isso anda certo quem preceitua que deles se deve servir qual mercenário[61], isto é, prestador de mão-de-obra, cobrando deles o trabalho, mas pagando o que for justo[62].

Há de fato, dois modos de violar a justiça: um pela violência; outro por fraude. Esta é façanha de raposa e aquela de leão. Ambos estes modos de proceder são incompatíveis com a dignidade humana, embora a fraude seja merecedora da maior das repulsas.

De todas as injustiças a mais repulsiva é aquela dos falsários que quanto mais enganam tanto mais ocultam para simular e parecer gente de bem[63].

Eis quanto basta sobre a justiça.

....
(61) Sêneca, no livro "Os Benefícios" (III, 23) qualifica o escravo como "servus, ut placet Chrysippo, perpetuus mercennarius est" ou seja, "o escravo, segundo Crisipo, é um permanente mercenário".
(62) Aquela paga justa incluía moradia, veste e alimento.
(63) Em latim: "Totius autem iniustitiae nulla capitalior quam eorum..". "Capitalis" equivale à pena capital, de morte. Platão, em "A República" (III,361) escreve: "o máximo da injustiça é parecer justo sem ser de fato".

Capítulo XIV

Liberalidade e beneficiência

Em prosseguimento, como foi acima planejado, passo a dissertar a respeito da beneficiência e da liberalidade, já que elas se adequam, a primor, com a natureza humana, no entanto, cabe, aqui, muita cautela[64].

Primeiramente, é necessário cuidar que a liberalidade não seja nociva a quem se pretende beneficiar[65] nem aos demais. Também que a liberalidade não seja maior do que as posses e que tenha proporção com o mérito de cada um[66].

O fundamento que embasa tais preceitos é o mesmo da justiça. De acordo com ela, tudo nesta área, há de ser sopesado. Assim, quem beneficia, com coisa nociva, ao destinatário, ao invés de benfazejo e liberal, deve ser tido na conta de adulador pernicioso. De outro lado, quem prejudica alguns para ser liberal com outros, comete a mesma injustiça de apropriação indébita.

---

(64) Em latim: "... habet multas cautiones", isto é, exige muita precaução.
(65) Em latim: "... is ipsis benigne videbitur fieri ..".. Aqui, o sentido de "agir benignamente" equivale a "prodesse" (ser útil) da frase seguinte.
(66) Em latim: " ... ut pro dignitate", isto é, segundo o mérito.

Há, sim, e muitos que, por ambição de glória e de grandeza, subtraem de uns o que querem regalar a outros. Custa imaginar que tais indivíduos pensam realizar benemerências para os amigos, locupletando-os a torto e a direito. Isso está tão distante dos "deveres" que nada há de mais contrário aos mesmos.

Que se atente, outrossim, para que a prática da liberalidade beneficie amigos sem prejudicar a ninguém. Daí porque L. Sila e C. César, ao transferirem dinheiro de seus legítimos donos para terceiros, tal gesto nada encerra de liberal. Não existe liberalidade onde falta justiça.

Outro ponto de precaução. A generosidade não exceda as posses[67]. Com efeito, querer ser mais do que o suportável, antes de tudo, é prevaricar porquanto isso equivale a causar danos aos familiares[68].

Aliás, está subjacente em tal tipo de generosidade, às mais das vezes, certa cupidez de rapina, visando acrescer a própria riqueza para fins de prodigalidade.

Dá na vista ainda que muitos, generosos menos por temperamento e mais porque aliciados pela vaidade de aparecerem beneficentes, fazem coisas que, claramente, procedem não da vontade correta e, sim, da pura ostentação. Ora, tal simulação reflete mais a face do vaidoso do que a do liberal ou honesto[69].

....

(67) Em latim: "Alter locus erat cautionis: ne benignitas maior esset quam facultates".
(68) *Retorna, aqui, o verbo latino "peccare": "... qui benigniores volunt esse, quam res patitur, primum in eo "peccant" quod..".*
(69) Em latim: *"Talis autem simulatio vanitati est coniunctior quam aut liberalitati aut honestati".*

A terceira precaução é que, no ato de beneficiar, exista critério de mérito. Então devem ser sopesados os costumes do beneficiário, seus sentimentos em relação ao benfeitor a par de uma vida em comunidade e na sociedade mais ampla como ainda os serviços prestados a todos nós.

O ideal é que tais elementos acorram juntos. Quando isso não for exeqüível, que então sejam apreciados os fatores de maior número e peso.

Capítulo XV

Critérios para avaliar o mérito

Já que não se vive com indivíduos perfeitos nem consumados em sabedoria, então depara-se com aqueles nos quais é manifesta ao menos alguma afinidade com a virtude[70].

Aliás, tenho para mim que ninguém deveria sofrer exclusão, quando nele reluz algum brilho de honestidade. Com efeito, cada qual deve ser respeitado no mesmo grau em que se orna daquelas virtudes mais brandas tais como a modéstia, a temperança, sem omitir, evidentemente, a justiça da qual estamos a falar de há muito.

Por sua vez, a fortaleza e a magnanimidade, em indivíduo pouco estruturado e imprudente, produz, com freqüência, turbulência. São elas virtudes mais adequadas a pessoas de boa índole.

Eis quanto tenho a dizer sobre os costumes[71].

....
(70) Em latim: "quoniam autem vivitur non cum perfectis hominibus planeque sapientibus, sed cum iis in quibus praeclare agitur si sunt simulacra virtutis". Literalmente, esta segunda parte: "com indivíduos que agem de modo respeitável, se são espelho de virtude.
(71) Em latim: "Atque haec in moribus".

Quanto à benevolência que alguém nos devota, o primeiro dos deveres manda pagar com mais largueza, no entanto, não com aquele bem-querer a modo de adolescente, com seu ardor afetivo, e, sim, de modo mais firme e duradouro.

Se houver prestações de serviços não por encomenda e, sim, por dádiva graciosa, então cabe retribuir com mais empenho, pois dever nenhum supera o reconhecimento[72].

Se Hesíodo[73] prescreve que, sendo possível, o empréstimo restituído seja com algum acréscimo, que pensar então de um favor espontâneo? Então porque não imitar a uberdade dos campos que oferecem muito mais do que recebem? Ademais, se não regateamos mercês a quem nos vai ainda agraciar, qual não deve ser nossa atitude em face daqueles que já nos têm beneficiado?

Duas são as espécies de liberalidade: uma a de oferecer e a outra a de retribuir benefícios. Dar ou não depende de nosso arbítrio, mas não é lícito ao bom caráter não retribuir, quando pode fazê-lo sem agravar ninguém[74].

Evidente haver distinção entre benefícios recebidos. Maior é o dever da dívida, quando maior for o dom recebido[75].

Acima de tudo, cabe avaliar a disposição, a presteza e os sentimentos do benfeitor. Muitos operam nessa área, por mero impulso, sem discernimento ou controle de modo a assemelharem-

---

(72) Em latim: *Sin erunt merita, ut non ineunda, sed referenda sit gratia, maior quaedam cura adhibenda est: nullum enim officium referenda gratia magis necessarium est*".
(73) Hesíodo é o autor de "As Obras e os dias".
(74) Em latim, este final: "... *modo id facere possit sine iniuria*".
(75) Em latim: "*Acceptorum autem beneficiorum sunt delectus habendi; non dubium, quin maximo cuique plurimum debeatur*".

se à repentina rajada de vento tamanho é o ímpeto que os inflama, por dentro. Tais dádivas não merecem ser apreciadas como aquelas doações conscientes, responsáveis e firmes.

Por isso, ao conferir benefício e ao retribuir favores, posto que todas as condições concorram juntas, o dever mais grave consiste em socorrer, de preferência, a quantos mais necessitam de ajuda. No entanto, muitas vezes, a preferência recai sobre quem não necessita, mas pode dar algo em retorno[76].

---

(76) Em latim: *"Sed in collocando beneficio et in referenda gratia, si cetera paria sunt, hoc maxime officii est ut quisque máxime opis indigeat, ita ei potissimum opitulari; quod contra fit a plerisque. A quo enim plurimum sperant, etiamsi is non eget, tamen ei potissimum inserviunt".*

Capítulo XVI

Outro critério: a socialidade

O melhor modo de preservar a convivência e a união entre os seres humanos é fazer convergir o maior grau de benevolência para os que estão relacionados conosco mais estreitamente.

Convém então buscar, nas origens mais remotas, os princípios naturais de comunidade e de toda a sociedade humana. Aí se depara com algo de primordial na universalidade do gênero humano, a saber, o vínculo unitivo da razão e da palavra.

Ensinar, aprender, comunicar, debater e julgar, eis as atividades construtivas do entendimento recíproco. Isso une em sociedade natural. De fato, não existe outra marca tão característica para nos diferenciar do mundo animal, embora, ali, manifeste-se, muitas vezes, a força tal como no cavalo e no leão. Nunca, ali, é constatado existirem a justiça, a equidade e a benignidade, já que eles são carentes da razão e da palavra.

A expressão maior da socialidade é aquela que tudo torna comum entre os seres humanos de modo a gerar o uso com desfrute comunitário, mas com respeito ao que por lei e por direito civil é qualificado para ser possuído pelo indivíduo de modo particular, segundo as normas convencionadas.

Aqueles outros bens sejam eles usados em consonância com o provérbio grego que edita: "tudo comum entre amigos"[77].

Os bens comuns dos homens são daquele gênero que Ênio descreve num verso com múltiplas aplicações:

"Quem indica ao transeunte o caminho faz como quem acende, com sua luz, outra luz. Nada perde em alumiar porquanto a si mesmo ilumina".

Daí se depreende que quanto se pode dar sem prejuízo próprio, deve-se dar a qualquer um, ainda que desconhecido. Assim não se nega água do rio a ninguém nem se deixa de dar acesso ao nosso fogo[78] como também não se nega conselho a quem necessita dele para deliberar.

Tais coisas são úteis para quem as recebe e nada incômodas para quem as dá. Conseqüentemente, delas deve-se fazer uso, tendo sempre em vista a serventia para a utilidade comum.

Como a disponibilidade de cada um é reduzida enquanto infinita a multiplicação dos carentes, a liberalidade, por via de regra, seja regulada pelo fim designado por Ênio: "Todavia a si mesmo ilumina"

Destarte, restam os meios a fim de sermos sempre pródigos com os outros[79].

---

(77) Ver "Ética a Nicômaco", VIII,11 de Aristóteles.
(78) Era próprio da hospitalidade dar acesso ao fogo. Eródato (VIII, 231) conta que os Espartanos castigaram Aristodemo com a penalidade de não receber fogo para cozinhar.
(79) Em latim: "Sed quoniam copiae parvae singulorum sunt, eorum autem, qui iis egeant, infinita est multitudo, "nihilominus ipsi lucet": ut facultas sit qua in nostros simus liberales".

Capítulo XVII

Os níveis da socialidade

Os graus da socialidade humana são múltiplos. A fim de especificar essa dimensão quase infinita, ocorre, de imediato, a pertença ao mesmo povo, à mesma nação e a mesma língua. Tal tipo de inclusão vincula, de modo pleno, o ser humano a seu semelhante.

O vínculo mais restrito consiste na pertença à mesma cidade. Aí, muitas coisas são comuns entre os cidadãos: as praças, os templos, as ruas, as leis, os direitos, os tribunais, o voto, os costumes, a amizade, o comércio e a relação de interesses partilhados. Isso não obstante, o vínculo mesmo forte da socialidade está no parentesco. Ele coarta a imensidão do gênero humano e concentra-o em conlúio mais limitado. De fato, sendo naturalmente comum a todos os animais a libido de procriar, então a primeira forma de sociedade consiste no casal; a segunda, na filiação; por último, a unidade do lar e a partilha por igual de tudo. Aí, reside o princípio de uma cidade e, de certo modo, também o viveiro do Estado[80].

Depois, a união entre irmãos. A seguir, entre sobrinhos primeiros e segundos.

....
(80) Em latim: "Nam quum sit hoc natura commune animantium, ut habeant libidinem procreandi, prima societas in ipso coniunctio est; proxima in liberis; deinde una domus, communia omnia. Id autem est principium urbis et quasi seminarium reipublicae".

Por ser impraticável acolher a todos na mesma residência, eles passam para outras casas à guisa de colônias[81]. Advêm então os casamentos e os laços de afinidade. Em conseqüência, o aumento de parentes. Essa propagação ramificada dá origem a entes públicos. Assim a consangüinidade une os homens mediante a benevolência e o amor[82].

Indiscutível que configura um bem de altíssimo valor ter as mesmas recordações de antepassados, professar a mesma religião e possuir as mesmas tumbas.

Dentre todas as sociedades, nenhuma é melhor nem mais estável do que aquela de homens morigerados, de costumes homogêneos e unidos pela amizade.

Aquilo que denominamos, com freqüência, ser honesto, quando é também visto em nosso semelhante, atrai e torna-nos amigos dele.

Ainda que toda virtude seja aliciante e faça com que amemos aqueles nos quais ela reside, nenhuma há que supera a justiça e a liberalidade. Aliás, nada mais admirável e estável do que a sociedade de homens bons vinculados pelos mesmos costumes. Com efeito, entre aqueles que partilham dos mesmos sentimentos e propósitos acontece que um compraz ao outro como a si mesmo. Isso revela o que Pitágoras entende por amizade, a saber, a unidade resultante de pluralidade[83].

Também é sólido aquele tipo de comunidade que tem por suporte benefícios, reciprocamente, dados e recebidos, porquanto, gratificantes para ambas as partes, consolidam em consórcio duradouro a quantos dele participam. Isso não obstante, ao submeter todas essas formas de socialização ao crivo da razão e dos sentimentos, conclui-se que nenhuma delas é mais preciosa

---
(81) Em latim: *"Qui urbis una domo iam capi non possint, in alias domos, tamquam in colonias, exeunt"*.
(82) Em latim: *"Sanguinis autem coniunctio benevolentia devincit homines et caritate"*.
(83) *"id quod Pythagoras vult in amicitia, ut unus fit ex pluribus"*.

e estimável do que aquela que cada um de nós tem na conta de Estado. Caros são os pais, os filhos, os parentes e os amigos, mas só a pátria logra absorver todos esses amores[84].

Para defendê-la nenhum cidadão honrado duvidaria em arriscar a própria vida. Daí ser mais detestável a crueldade de quantos, mediante todo gênero de delitos, dilaceram a pátria porquanto empenhados seja no passado, seja no presente, em algum intuito de destruí-la em seus fundamentos[85].

Se, porventura, houver disputa e preferência sobre quais dentre todas as obrigações será o fulcro de nossos deveres, então a primazia cabe à pátria e aos pais porque deles somos receptores dos maiores benefícios. Logo a seguir, os filhos e toda a família, já que dependem só de nós porque socorro algum lhes advirá de alhures. Depois, os parentes em harmonia conosco, porquanto, freqüentemente, com eles dividimos o mesmo destino existencial.

Daí se conclui: os recursos necessários à existência são devidos mormente àqueles de há pouco referidos. Isso não obsta que a vida, o alimento comum, os conselhos, a conversação, e, se for o caso, também a advertência, seja tudo isso componente da amizade. Aliás, a amizade atinge o maior grau de exuberância, quando incentivada pela semelhança dos costumes[86].

---

(84) *Em latim este final: "... sed omnes omnium caritates patria una complexa est".*
(85) *Referência direta a César e a Antônio.*
(86) *Em latim este final: "... estque ea iucundissima amicitia quum similitudo morum coniugavit".*

Capítulo XVIII

A necessidade de prática educacional na área dos deveres

Em todos esses tipos de dever que cumprimos é imperioso ver qual o mais importante para cada indivíduo e o que cada um, com ou sem ajuda alheia, consegue realizar. Assim os graus das necessidades não são os mesmos que os das circunstâncias. Há deveres que concernem mais a uns do que a outros como, por exemplo, ajudar, prontamente, antes o vizinho na colheita de frutas do que um irmão ou um parente. Por outro lado, em se tratando de demanda judiciária, cumpre defender, com preferência, o parente e o amigo antes do vizinho.

Particularidades como essas devem ser levadas em conta em qualquer desempenho dos deveres de sorte que sejam assumidas como hábito. Assim, quais competentes avaliadores dos deveres, ao somar e ao deduzir, possamos ver qual, o saldo que resta. Só então saberás quanto cabe a cada um[87].

Assim como nem os médicos nem os generais nem os oradores, embora tenham recebido os preceitos relativos às suas respectivas

....
(87) Em latim: "Haec igitur et talia circumspicienda sunt in ommi officio, et consuetudo exercitatioque capienda, ut boni ratiocinatores officiorum esse possimus et addendo deducendoque videre, quae reliqui summa fiat: ex quo quantum cuique debeatur, intellegas".

profissões, não logram alcançar sucesso digno de louvor sem a prática e a exercitação do mesmo modo aqueles preceitos atinentes à observância de um dever sejam ensinados tal como estamos nós a fazer, ainda mais porque a relevância singular desse assunto requer prática e exercitação.

Desses elementos, já integrados na estrutura da sociabilidade humana, ficou, suficientemente, elucidado como conceituar a honestidade da qual se deduz o que é dever ou obrigação moral[88].

---

(88) Em latim: "Atque ab iis rebus quae sunt in iure societatis humanae, quem ad modum ducatur honestum ex quo aptum est officium, satis fere diximus".

Capítulo XIX

A FORTALEZA E SEU ESPLENDOR

Devemos compreender porque, estabelecidas que foram as quatro espécies das quais a honestidade e o dever emanam, isso se manifesta de modo em extremo esplêndido porquanto implica elevação de espírito com desprezo pelas vicissitudes humanas. Por isso, num linguajar depreciativo, ocorrem expressões que mal ousamos pronunciar, como:

"Ó jovens, tendes, no peito, um coração de mulher".

"Aquelas donzelas são viragos".

E ainda assim:

"Ó Salmácis, eis um troféu sem suor nem sangue[89]".

Ao invés e não sei bem a razão disso, exaltamos, com profusão de palavras, a quantos agem de modo magnânimo, forte e sobranceiro. Daí advém que os temas de oratória inspiram-se nas batalhas de Maratona, de Salamina, de Platéia,

----

(89) Ignora-se a autoria desses versos. Foi sempre considerado injurioso chamar jovem guerreiro de mulher. A fim de repreender, em "Homero", lê-se : "não gregos e, sim, gregas". Em Virgílio: "O verae Phrigiae, non enim Phrigges". Em Tasso: "Oh! Não francos, mas francas". Mesmo S. Bernardo, tão prestigiado na espiritualidade teológica dos católicos, expressa-se assim: "Egredimini, filiae Sion, animae saeculares, debiles, delicatae filiae et non filii, in quibus nihil fortitudinis, nihil est virilis animi".

de Termópilas e de Leuteras[90]. Daí também porque celebramos os feitos imorredouros de nossos Cocles, dos Décios, dos Cipiões, dos Marcelos[91] e de tantos outros.

De maneira especial, o próprio povo romano que brilha pela magnitude de alma. Aliás, é manifesta essa sua afinidade com a glória. Isso está no fato de vermos as estátuas, em sua maioria, representando personagens em trajes militares[92].

---

(90) *Episódios gloriosos da história grega.*
(91) *Marcelo era apelidado de " a espada dos romaros".*
(92) *Em latim: " Declaratur autem studium bellicae gloriae, quod statuas quoque videmus ornatu fere militaris".*

Capítulo XX

Fortaleza sem justiça não é virtude

Aquela grandeza de espírito que se manifesta nos perigos, nas aflições, se apartada da justiça, enquanto direcionada só para alguma finalidade de interesse pessoal e não para o bem comum, descamba no vício. Então, além de nada conter de virtude, acarreta algo de monstruoso, já que alheia à dimensão humana.

Com propriedade, a coragem é definida pelos Estóicos qual virtude que milita a favor da equidade. Em decorrência disso, ninguém galga o píncaro da fama como dotado de fortaleza, fazendo uso da traição e de insídias. Nada que é carente de justiça pode ser honesto.

A propósito, ocorre a bela sentença de Platão: "Não só a ciência alheia à justiça deve ser denominada antes astúcia do que sabedoria, mas também um ânimo disposto a enfrentar o perigo, quando determinado pela cupidez e não pela utilidade comum, chamar-se-á temerário e não valoroso ou forte."

Por isso, os indivíduos fortes e magnânimos devem ser bons, simples, amigos da verdade e nada enganadores. Tudo isso flui do núcleo honroso da justiça.

Lamentável é que, de permeio a essa altivez e grandeza de ânimo, brotem, com facilidade, a pertinácia e o desordenado apetite de dominação[93].

Assim, tal como se lê, em Platão, a paixão predominante entre os espartanos era a avidez de vitória, então, de igual modo, quando alguém se destaca pela grandeza, ele passa a almejar a primazia em tudo, ou melhor, quer ser o único e o exclusivo. Ora, é difícil sobrepor-se a todos e respeitar a equidade que está tão contígua da justiça. Daí resulta que tais indivíduos não se deixam convencer por argumento algum nem toleram qualquer autoridade legítima ou sistema jurídico.

Assim existem, em nossa República, esses cidadãos pródigos, mas facciosos, voltados à conquista de recursos poderosos a fim de ficarem superiores pela força e não iguais pela justiça. Quanto maior a dificuldade, mais dignificados eles se sentem.

De outro lado, não existe ocasião nenhuma que possa eximir-se da justiça. Deve, sim, ser tido como forte e magnânimo não quem pratica injustiça, mas quem a rechaça.

A grandeza de alma, quando autêntica e sábia, discerne o que há de honesto naquilo que a natureza ensina, concretizando-o em fatos sem ilusionar-se como sendo o príncipe que de fato não é.

Ademais quem depende da opinião enganadora do povo, por certo, não será contado entre pessoas valiosas, já que é mais fácil resvalar para a prática da injustiça, quando acicatado pelo apetite imoderado de glória.

Aqui está um declive escorregadio[94]. É difícil encontrar alguém que tendo enfrentado façanhas e deparado com perigos, não aspire à glória qual recompensa por seus empreendimentos relevantes.

....

(93) Percebe o leitor que Cícero direciona o assunto da virtude como fortaleza pelo aspecto político. Ele tem em mira a projeção de César. Convém ter presente que a virtude da fortaleza, antes de relacionar-se com problemas de ordem pública, é uma diretiva comportamental do indivíduo que enfrenta qualquer tipo de perigo e circunstância difícil, que postula coragem e força para separar tais obstáculos na prática, seja da justiça, seja de qualquer outra virtude.
(94) Em latim: "...Qui locus est sane lubricus...": é um assunto difícil e escabroso, isto é, delicado.

Capítulo XXI

Dois tipos de fortaleza: desprezo às coisas externas e disposição para empreendimentos árduos

O ânimo deveras forte e eminente é reconhecido, principalmente, por duas características: a primeira pelo desprezo às coisas externas, posto ter a convicção de que o homem não deve admirar nem preferir andar ao encalço do que não é honesto ou decoroso e menos ainda fazer concessões a outrem ou às perturbações do espírito ou aos azares da sorte.

A segunda, suposto que o ânimo esteja estruturado tal como acabo de explicar, consiste no empreendimento de ações de vulto e realmente úteis, sem omitir aquelas, em extremo, árduas e refertas de sacrifício com seus perigos tanto para a vida como para muitos componentes que integram a existência.

O esplendor total e a magnificência (e seja acrescentada a utilidade) desses dois modos de agir transluzem mais na segunda atitude. A causa que produz grandes homens reside mais na primeira, já que, ali, está a razão pela qual os homens tornam-se excelentes e desprezam as coisas mundanas.

Isso se faz visível em duas direções: julgar honesto apenas o que é bom e livrar-se de qualquer perturbação de espírito. De fato, aquelas coisas que para muitos parecem exímias e gloriosas devem ser menosprezadas, com firmeza intransigente, pelos caracteres magnânimos e fortes, já que eles suportam quanto ocorre de adverso (e são tantos e tão vários os incidentes calamitosos que tecem a rede dos fatos da vida). Destarte, demonstram plena tranqüilidade de espírito, sem a mínima quebra de coerência com a natureza, seja na dignidade de sábio, seja na robustez infrangível de ânimo.

Seria de todo incomum fosse fragilizado pela cupidez quem jamais fraquejou diante do medo como também ficasse dominado pelo apetite, quando sempre se mostrou inquebrantável pelo peso do labor. Por conseguinte, tais coisas devem ser evitadas como também deve ser reprimida a ganância por dinheiro. Nada revela o tamanho da mesquinhez como o apego às riquezas. De outro lado, é sinal evidente de dignidade e de honradez desprezar as riquezas, quando não as possuímos, mas, possuindo-as, então saber reparti-las, com liberalidade, para fins beneficentes.

Seja, outrossim, evitada a cupidez de glória, como, aliás, acima já advertimos. Isso tolhe a liberdade e os indivíduos magnânimos devem preservá-la a qualquer preço e custo. Por isso também não se deve pleitear cargo de mando. Melhor fora não aceitar ou então, vez por outra, dele declinar.

Seja ainda expelido da mente todo tipo de perturbação, de cupidez e de medo. Também as amarguras, apetências acaloradas e a ira. Tudo isso com a finalidade de abrir espaço para a tranqüilidade na segurança e assim fomentar constância e dignidade.

Tem havido e ainda há quem para desfrutar da tranqüilidade acerca da qual estou falando, aparta-se de encargos públicos, refugiando-se no isolamento. Entre eles, nobilíssimos filósofos de grandeza ímpar e outros personagens impolutos e respeitáveis que não se adaptam nem aos costumes vulgares nem ao estilo dos magnatas. Refugiam então na zona rural, onde deleitam-se com os afazeres domésticos. Eles assim optam por uma vida à guisa de reis, isto é, de nada padecem precisão nem se submetem a outrem, enquanto desfrutam de plena liberdade, vivendo a seu talante[95].

....
(95) Em latim: "His idem propositum fuit, quod regibus, ut ne qua re egerent, ne cui parerent, libertate uterentur, cuius proprium est sic vivere ut velis". Aristóteles afirma a mesma coisa no livro "Política", VII, 2.

Capítulo XXII

Cargos públicos postulam honestidade e competência

A mesma é a finalidade que atrai, seja a quantos estão ávidos de poder, seja aqueles que dele se afastam, como acabo de falar. Por isso os primeiros pensam chegar até ali, mediante a posse de grandes riquezas, enquanto os outros realizam-se satisfeitos com o pouco que possuem.

A decisão de ambos, neste particular, de nenhum modo deve ser condenada, mas a vida retraída é mais amena e segura como ainda menos atribulada. De outro lado, aqueles que tomam parte nos negócios do Estado e, aí, empenham-se, com eficiência, a vida deles torna-se mais benéfica para o gênero humano e por isso granjeia maior estima e respeitabilidade. Em todo caso, podem ser, provavelmente, desculpados os indivíduos, em exímio nível, prendados que se afastam do compromisso político a fim de se consagrarem às atividades intelectuais.

Também merecem compreensão aqueles que por causa de problemas de saúde ou impedidos por outra causa grave, apartam-se da vida pública, cedendo para outros sua atividade e a conseqüente honraria. Aqueles aos quais semelhantes razões não os assistem e assim mesmo professam desprezo aos cargos e funções públicas, sendo que isso a maioria dos cidadãos preza com alta estima, a tais indivíduos não só nego louvores, mas devo, sim, invectivar de defecção.

De fato, nada fácil recriminar a atitude de quantos menosprezam e até espezinham a glória, mas, na verdade, esses demonstram temor à vista de fadigas e de preocupações a par de possíveis contrariedades e repulsas de onde trescalam ignonímia e infâmia. Não faltam indivíduos que, em situações contrárias, perdem o tino da coerência consigo mesmo. Enquanto repulsam, com vigor, qualquer volúpia, não sabem como resistir à dor. Desprezam, de um lado, a glória, mas, de outro lado, abatem-se diante da ignonímia e mesmo assim carecem de firmeza.

Quem possui índole natural para administrar, superada que for toda hesitação, cuide de assumir a magistratura e o governo. Caso contrário, não haverá regência na sociedade nem oportunidade de ficar evidente a magnitude da alma. Com efeito, os que assumem a administração pública, devem, à guisa dos filósofos, e até com maior apuro, primar em tudo pela grandeza de alma de sorte que tenham em pouco apreço as coisas humanas e possuam, como sempre recordo, toda aquela tranqüilidade de espírito que gera segurança. Destarte, o porvir não os angustia, já que vivem de modo digno e sem ansiedade, em clima de constância.

Tudo isso custa menos para os filósofos, porquanto a vida deles está menos sujeita aos azares da sorte e não necessitam de muitas coisas. Assim, quando a desgraça abate-se sobre eles, não podem cair de muito alto.

Aqueles em que os impulsos de grandeza de espírito e os intentos políticos são mais fortes do que nos indivíduos afastados da vida pública, sejam, realmente, magnânimos e imperturbáveis. Quem assume cargo administrativo cuide-se. Não basta que tal ofício seja digno. Importa, sim, ter competência. Aí, não esmorecer por causa das dificuldades nem, de outro lado, ser em excesso, fiducioso e obcecado pela cupidez.

Portanto, antes de assumir qualquer empreendimento, deve ser feita uma preparação diligente[96].

(96) Em latim: "In omnibus autem negotiis prius quam adgrediare, adhibenda est praeparatio diligens".

Capítulo XXIII

A magistratura supera a glória militar

Posto que a maioria considera as atividades bélicas mais prestantes do que as civis, então tal opinião tem que ser corrigida. Por via de regra, muitos fomentam a guerra por causa da ânsia de glória. De fato, é o que ocorre com a maioria de indivíduos prendados por grandes talentos e magnânimos, ainda mais quando propensos para a carreira militar e ávidos de comando à frente do combate.

Na verdade, se queremos mesmo reavaliar, constatamos terem havido feitos civis de maior relevância do que os bélicos.

Ainda que Temístocles seja, com justiça, exaltado e tenha seu nome mais celebrado do que o de Sólon, porquanto a famosa vitória de Salamina o tem dignificado de modo excepcional, sendo por isso mais lembrada do que o Conselho de Sólão que deu origem ao Areópago, nem por isso um é menos preclaro do que o outro. A bem dizer, aquela foi, uma única vez, útil. Este perpetua seus benefícios para a cidade. Graças ao Conselho existem as leis dos Atenienses e os antigos estatutos são preservados.

Se Temístocles nada poderia aventar em ter sido de ajuda para o Areópago, este, sim, foi de valia para ele porque a guerra resultou daquela decisão do Senado que fora implantado por Sólão.

O mesmo é lícito assegurar a respeito de Pausânias e de Lisandro. Eles, ainda que alguém pense terem seus feitos valorosos consolidado o império de Esparta, contudo, nem de longe, podem ser comparados com a eficácia das leis e da disciplina dadas por Licurgo. Aliás, foi graças às mesmas que eles tinham exércitos tão aguerridos e fortes.

Para mim, durante a nossa meninice, Marcos Exauro não parecia nada inferior a Caio Mário nem Quinto Catulo a Gneu Pompeu[97], no tempo de nossa carreira política.

Pouco valem as armas, lá fora, se, em casa, falta discernimento judicante[98].

Bem por isso, o Africano, grande como cidadão e como general, não foi mais útil à República ao destruir a Numídia do que seu contemporâneo P. Nasica, indivíduo obscuro que trucidou T. Graco. Verdade que aquela façanha não foi só motivada por razões políticas. Ali, de algum modo, entrou o ingrediente bélico porque houve violência de mãos armadas. Isso não obstante, a ocorrência tinha o beneplácito do Conselho urbano, sem, todavia, receber participação do exército.

Eis uma sentença encantadora contra a qual ouço levantarem vozes ímpias e rancorosas:

"que as armas cedam à toga e o louro ao louvor[99]".

Para não falar a respeito de outros, olhemos para nossa República, na época em que era governada por nós. Então as armas, realmente cederam espaço para a toga. Nunca como então perigou a segurança dela, no entanto, jamais reinou tranquilidade tão generalizada. Graças a nossos conselhos e diligências, facções temíveis de cidadãos depuseram, de pronto, as armas[100].

....
(97) Político moderado, na época revolucionária.
(98) Em latim: "Parvi enim foris sunt arma, nisi sit consilium domi".
(99) Em latim: "Cedant arma togae, concedat laurea laudi". Este verso expressa : o poder militar submeta-se ao poder civil; o louro, símbolo do triunfo militar, perde para a honra dos políticos civis.
(100) Alusão ao movimento encabeçado por Catilina.

Ora, que guerra houve em que se operou tal prodígio com tão grandioso resultado? Que triunfo militar ser-lhe-á comparado[101]?

Seja-me permitido, ó Marcos, filho meu, vangloriar-me em tua presença. Afinal hás de ser o herdeiro desta minha glória além de teres meus exemplos como modelo de vida[102].

Cneo Pompeu, guerreiro insigne, em presença de muitos, declarou que jamais teria conseguido o terceiro mandato, sem minha contribuição política que lhe abriu espaço para tal sucesso.

Portanto, a prestância de vida civil nada perde para o valor militar. Naquela, mais do que nessa, devemos empenhar dedicação e perspicácia.

Aliás, tudo quanto de honesto que esperamos de um ânimo nobre e magnífico depende das forças do espírito e não do corpo. Contudo, o corpo deve ser exercitado e disposto de tal modo que se submeta aos ditames da razão e assim desempenhe suas atividades e suporte as fadigas do trabalho. Já que a probidade que perseguimos depende toda ela do esforço cogitante, então por ela pelejam, com igual dedicação, tanto os togados que presidem a República quanto aqueles que enfrentam a guerra. Prova disso é que, graças ao conselho deles, ou as guerras não são declaradas ou, se empreendidas, são levadas a termo. Assim ocorreu com a terceira guerra púnica que resultou do parecer de M. Catão[103] cujo veredicto prevaleceu mesmo após sua morte.

Eis então ser mais interessante investigar o potencial deliberativo acerca da oportunidade de uma guerra do que a força para levá-la a cabo. Em todo caso, que isso ocorra sempre em vista da utilidade pública e não por medo de

....
(101) Em latim: "quae res igitur gesta umquam in bello tanta? Qui triumphus conferendus?"
(102) Em latim: "Licet enim mihi, Marce fili, apud te gloriari, ad quem et hereditas huius gloriae et factorum imitatio pertinet".
(103) Catão sempre concluía seus discursos, no Senado, com estas palavras famosas: "Ita censeo, sicuti censeo delendam esse Karthaginem". Isso ocorreu seis anos após sua morte.

combate. Se a guerra foi empreendida, que nada, além da paz, seja objetivado.

Verdadeiramente forte e constante é quem não se perturba em meio às asperezas da vida nem se abate ante o fracasso, para usar um modo corrente de falar, mas, mantendo o autodomínio e a deliberação, jamais se afaste da razão.

Tal como tudo isso é próprio do indivíduo magnânimo assim também é-lhe peculiar fazer previsão e, de certo modo, planejar o que pode ocorrer, ficando prevenido para agir em qualquer eventualidade de modo a nunca dizer: "por essa eu não esperava".

Eis então o perfil do indivíduo magnânimo e nobre em sua prudência e discernimento. Evidente que ingressar em combate de modo temerário, enfrentando o inimigo corpo a corpo, nada mais feroz e típico de animais. Isso não obstante, quando as circunstâncias exigem, é forçoso encarar a luta e preferir a morte à escravidão e à desonra[104].

---

(104) Em latim: " Temere autem in acie versari et manu cum hoste confligere immane quiddam et beluarum simile est, sed cum tempus necessitasque postulat, decertandum manu est et mors servituti turpitudinique anteponenda".

Capítulo XXIV

A prestância da vida civil em face da militar

Naquilo que se refere à destruição e ao saque de cidades, é de máxima importância ponderar semelhante decisão a fim de que nada ocorra nem de temerário nem de cruel. É próprio do indivíduo nobre, ao punir os culpados, saber poupar o povo e, em qualquer eventualidade, salvaguardar a retidão e demais valores da honestidade. Como já afirmei, acima, existem aqueles que antepõem os feitos bélicos aos civis. Assim deparas com muitos para os quais as decisões que implicam perigo e ardil parecem mais brilhantes e magníficas do que outras voltadas para a tranqüilidade e o entendimento.

Em caso de fuga ante o perigo, jamais poderíamos agir de maneira que configurasse covardia ou pulsilaminidade. De outro lado, expor-se, sem cuidado, ao perigo, nada mais imbecil. No enfrentamento de perigo seja imitada a prática dos médicos. Eles aplicam medicamentos brandos em enfermidades leves, mas, quando são doenças graves, são coagidos a recorrerem a tratamentos perigosos e incertos.

Eis que almejar tormenta feroz, quando reina tranqüilidade, é mesmo desatino[105]. É próprio do sábio remediar, com prudência, a adversidade, ainda mais quando se colhe maior soma de bem que de mal oriundo da dubiedade[106].

....
(105) Em latim: "Quare in tranquillo tempestatem adversam optare dementis est".
(106) Em latim: "Subvenire autem tempestati quavis ratione sapientis, eoque magis, si plus adipiscare, re explicata boni quam addubitata mali".

Os perigos decorrentes das decisões assumidas advêm em parte de quem as toma e em parte da República. Assim uns correm risco para defender a própria vida enquanto outros são convocados para lutarem pela glória e pelo bem dos cidadãos.

Devemos estar mais prontos a enfrentar nossos próprios riscos sem transformá-los em problema público. Aliás, antes terçar armas pela honra e pela glória e nunca por outras razões[107].

Tem havido indivíduos que não vacilam em sacrificar não só o patrimônio, mas até a própria vida em favor da pátria, contudo não sacrificam a mínima parte de sua reputação, quando a pátria exige. Assim foi Calicráditas. Sendo ele comandante dos Lacedemônios, na guerra de Peloponeso, já tendo alcançado egrégio sucesso, colocou tudo a perder, quando não se curvou ante a sugestão de quantos pensavam diversamente dele e aconselhavam a retirada da frota de Argimura, evitando combater os Atenienses. No entanto, eis o que ele respondeu:

"Os Lacedemônios, perdida esta frota, têm como aparelhar uma outra. Eu, porém, não posso ordenar a retirada sem ferir minha honra".

Na verdade, naquela ocasião, a perda dos Lacedemônios foi reduzida. Doloroso é que Cleômbroto, levado pelo terror de oposição, pelejou, desatinadamente, contra Epaminondas. Então o poderio dos Lacedemônios desabou de vez.

A propósito, com mais acerto, agiu Quinto Máximo de quem Ênio disse:"Um só homem, na prudência, deu vida ao Estado. Nunca condicionou o bem público à onda de opiniões. Por isso sua fama de cidadão ilustre sempre mais esplende".

Também, nos assuntos civis, deve-se evitar esse tipo de prevaricação[108]. Com efeito, há aqueles que com receio da inveja, não ousam manifestar-se, embora portadores de contribuição excelente.

---

(107) Em latim: "Promptiores igitur debemus esse ad nostra pericula, quam ad commumia, dimicareque paratius de honore et gloria quam de ceteris commodis".
(108) Em latim: "Genus peccandi".

Capítulo XXV

Deveres do governante

É de absoluta necessidade que as pessoas que vão gerir o governo da República atenham-se a esses dois preceitos de Platão: primeiro, que o bem dos cidadãos deve ser tutelado de modo que tudo quanto for feito seja direcionado para tal finalidade mesmo com sacrifício de vantagens próprias. Segundo, zelar pelo inteiro corpo do Estado e não só por uma parte com preterição das demais. Por isso tal como a tutela assim a administração devem ser para a utilidade dos governados e não do governante. Quem atende uma parte dos cidadãos, deixando a outra sem assistência, injeta no corpo social, algo de muito pernicioso, fomentando discórdia e divisão. Daí advém que alguns se aliam às massas enquanto outros às elites, mas poucos se fazem amigos do público. Isso tem provocado tantas e tamanhas sedições entre atenienses e cá, entre nós, guerras civis com efeitos desastrosos.

Quem for cidadão responsável, forte e digno de estar à frente do governo, deve então odiar e afugentar tudo isso, consagrando-se, por inteiro, ao bem público, sem andar ao encalço de riqueza e de poder, mas disso tudo far-se-á guardião a fim de promover o bem comum.

Além disso, jamais acusará alguém de falsos crimes para assim atrair sobre o mesmo ódio e vingança. Ao contrário, manterá com firmeza, a justiça e a honestidade porquanto prefere a morte a ter que renunciar àqueles objetivos aos quais me referi, ainda que por causa deles sofra graves conseqüências.

De todo detestável qualquer contenda por ambição de honrarias. No dizer admirável de Platão: "Os que disputam entre eles para ver quem há de governar o Estado, são semelhantes a marinheiros que litigam por saber quem deles vai pilotar o mesmo barco".

E aconselha: que sejam tidos como inimigos aqueles que fazem guerra contra a República e não aqueles que a querem proteger com seus conselhos. Aliás, isso ocorreu entre P. Africano e G. Metelo cuja discordância mútua nunca chegou à exacerbação.

Não merece ser ouvido quem apregoa que o homem forte e magnânimo deve votar ódio ao inimigo, já que nada mais louvável e revelador de um caráter de portentosa nobreza do que a mansidão unida à clemência.

Num povo livre, onde os cidadãos são todos iguais perante a lei, deve reinar a brandura e altivez de espírito tal como, acima, foi explicado. Assim, não fiquemos irritados contra quem nos acedia, inoportunamente ou faz petição impertinente. Também não devemos descambar para protelação fútil ou odiosa. Apesar de tudo, seja usado de mansidão e de clemência de modo que, em vista do bem comum, haja espaço para a severidade, já que sem ela o governo fica impraticável.

Em todo caso, seja quem pune um réu, seja quem fustiga, verbalmente, que o faça sempre, visando o bem geral.

Evitem também que a pena seja maior do que a culpa e que, nas mesmas causas, sejam uns condenados enquanto outros sequer são incriminados[109].

É de absoluta necessidade eliminar qualquer ranço de ira no ato de punir. Quem, tomado pela ira executa a punição, nunca manterá aquela moderação entre o excesso e o mínimo tal como

---
(109) Em latim: "Cavendum est etiam ne maior poena quam culpa sit et ne isdem de causis alii plectantur, alii ne appellentur".

recomendavam os Peripatéticos e com muita razão. Eles não fazem o elogio da ira nem asseguram ter sido ela um dom útil da natureza. É, sim, de todo desejável que, quantos presidem o governo, adequem-se às leis que a ninguém punam por cólera, mas segundo a equidade.

Aristóteles trata da ira, na "Ética para Nicômaco", IV, II.

Capítulo XXVI

Superioridade e modéstia

Quando a sorte sorri para nós e tudo flui às mil maravilhas, mesmo então devemos afugentar, com denodo, todo tipo de orgulho, desdém e arrogância. Com efeito, é sinal de mesquinhez deixar-se levar pela euforia da bonança ou, ao invés, abater-se, quando da desventura. Louvável mesmo é a equanimidade em qualquer conjuntura, tendo sempre o mesmo rosto e a mesma palavra. Assim aprendemos de Sócrates e de C. Lélio.

Filipe, rei dos Macedônios, embora superado pelo filho em glória e em feitos militares, foi-lhe superior no trato afável e humanitário. Ele sempre foi nobre e altaneiro ao passo que o outro, vez por outra, deixava-se arrastar pela torpeza[110].

Eis então como é legítimo o preceito que adverte para sermos tanto mais modestos quanto mais poderosos[111].

Panésio refere que o Africano, seu discípulo e amigo, costumava dizer: "da mesma maneira como os freqüentes impactos, nos combates, tornam os cavalos muito ariscos, sendo então necessário entregá-los aos domadores para o amansamento e assim deixá-los mais dóceis, do mesmo modo os homens, quando insuflados

....

(110) Alexandre, em um banquete, matou um amigo, estupidamente.
(111) Em latim: " Ut recte praecipere videantur, qui monent, ut, quanto superiores simus, tanto nos gerumus summissius".

pela prosperidade e confiados em demasia em si mesmos, devem ser submetidos ao juízo da razão e dos princípios retos a fim de atinarem com a precariedade das coisas humanas a par da inconstância e imbecilidade da sorte".

É, sobretudo, na prosperidade que se deve recorrer aos conselhos dos amigos e tê-los mais do que, de costume, como autoridade. Em tais ocasiões, devemos tapar os ouvidos para os aduladores e não nos entregar às lisonjas. É muito fácil deixar-se ludibriar[112]. Aliás, nós nos temos em tal conta que qualquer elogio já parece merecido. Daí nascem incontáveis equívocos. Os homens enfatuados viram alvo de motejo para todos e resvalam para os erros mais hediondos. É quanto basta para este tema.

....
(112) Em latim: "Isdenque temporibus cavendum est ne assentatoribus patefaciamus aures neve adulari nos sinamus, in quo falli facile est".

Capítulo XXVII

Alguns aspectos da fortaleza

Aqueles que regem o Estado devem ser tidos como estando à frente do empreendimento máximo e por isso devem ser dotados de grandeza de espírito porquanto a extensão de tais negócios implica a coletividade.

Também existem grandes espíritos (e muitos tem havido) que, mesmo na vida retirada, ao dedicarem-se aos estudos ou à realização de obras de vulto, já realizaram ou já tentaram obras excelsas. Com efeito, há aqueles dentre os filósofos e políticos da vida ativa que se comprazem nos afazeres domésticos, não levados pela cupidez da locupletação a qualquer preço nem da exclusão de partilha e, sim, empenhados em favorecer amigos e mesmo o Estado, quando necessitados.

Seja, portanto, antes do mais, o patrimônio deles adquirido de modo isento de ganho torpe ou de negociação odiosa; depois, que seja de utilidade disponível ao maior número de indivíduos, posto que gente de bem[113].

....
(113) Em latim: "... Quae primum bene parta est nullo neque turpi quaestu neque odioso, tum quam plurimis modo dignis se utilem praebeat".

Finalmente, que cresça sob controle e medida, com diligência e parcimônia. Assim poderá servir não ao prazer nem ao luxo e, sim, para o generoso desejo de praticar beneficiência.

Quem acata tais preceitos, vive, com dignidade e nobreza, sendo, ao mesmo tempo, verdadeiramente simples, fiel e útil aos seus semelhantes.

Capítulo XXVIII

O pudor como ornamento da virtude

Resta, agora, falar do último segmento da honestidade que implica a vergonha[114]. Esta é como um ornamento da vida, um tipo de moderação, modéstia e pleno domínio das paixões, enfim, um modo de regrar tais coisas.

Vem, a propósito, o que os latinos denominam "decoro" e os gregos "prepon". É tal sua natureza que não pode ficar separada da probidade, já que o que é decente é honesto e o que é honesto é decente.

Qual seja a diferença entre o honesto e o decoroso é mais fácil entender do que explicar. Tudo quanto for decente sempre salta à vista, quando confrontado com a honestidade. Assim o decoro mostra-se nessa parte da decência da qual se fala, aqui, mas também nas outras três acima referidas. Pois usar da razão e falar e agir com prudência, detectando em tudo o que é verdade, isso tudo é decência. Pelo contrário, deixar-se enganar, errar, equivocar-se, ser ludibriado, tudo isso é tão indecoroso quanto delirar ou perder o controle mental. Assim tudo que é justo é decoroso. Ao invés, tudo que é injusto como as coisas torpes é igualmente indecoroso[115].

....
(114) Em latim: "Sequitur ut de una reliqua parte honestatis dicendum sit in qua verecundia..".
(115) Em latim: "...et iusta ommia decora sunt; iniusta contra, ut turpia, sic indecora".

O mesmo fundamenta a fortaleza. Toda ação viril e realizada de modo magnânimo é também digna do homem e por isso tem o valor da decência. Ao invés, o torpe é sempre indecoroso.

Em assim sendo, o que se denomina decoro é parte integrante da honestidade. Isso nada tem de obscuro. Trata de algo que, logo, salta à vista. É algo que circunda qualquer virtude tanto assim que dela só pode ser separado por mera abstração mental e não por separação na ordem das coisas. Tal como não se pode separar a graça e a formosura da saúde de um corpo assim também o decoro de que estamos falando. Ele é de tal modo integrado na virtude que só por um processo mental de abstração poderia ser distinguido à parte[116].

Há, portanto, duas espécies de decoro. Uma geral que vale para tudo que é honesto. Outra particular que pertence a cada segmento da honestidade. A primeira, de ordinário, sói definir-se assim: "Decoro é o que convém à dignidade humana[117], aquilo em que sua natureza distingue-se dos demais animais".

Já a segunda, sendo parte do mesmo gênero, pode ser definida como algo de tal modo consentâneo com a natureza que nele residem a moderação e a temperança com feição de liberalidade.

---

(116) Em latim: "...decorum totum illud quidem est cum virtute confusum, sed mente et cogitatione distinguitur".
(117) Em latim: "...decorum intellegimus quod in omni honestate versatur..".

Capítulo XXIX

A decência como decoro

Que tudo isso deva ser entendido desse modo, podemos deduzi-lo do conceito de decoro tal como os poetas prestigiam. Aliás, alhures seremos mais explícitos a respeito.

Estamos, agora, dizendo que os poetas pautam-se pela decência do decoro, quando fazem seus personagens falarem e agirem de acordo com o que convém ao tipo deles. Assim, se Éaco ou Minos dissessem: "que me odeiam conquanto me temam" ou ainda: " O pai mesmo servirá de sepultura para os filhos", aí a adequação não teria sido observada, já que sabemos serem eles indivíduos justos. Ao invés, quando Atreu pronuncia aquelas palavras, receberá aplausos. É que tal modo de falar convém ao seu caráter. Assim os poetas apreciam o decoro segundo o tipo de cada personagem.

Foi a própria natureza que conferiu a nós o dom de pessoa, essa nobreza excelsamente superior aos demais animais[118].

Pelo visto, os poetas, em meio a tamanha variedade de tipos humanos, cuidam de caracterizar o que convém às pessoas mesmo que marcadas por vícios. Por sua vez, a natureza galhardoou-nos

---
(118) Em latim: "... nobis autem personam imposuit ipsa natura magna cum excellentia praestantiaque animantium reliquarum".

com o dom da constância, da moderação, da temperança, da vergonha. Ainda ensina-nos a nada negligenciar no trato com nossos semelhantes. Assim fez com que o decoro, qual elemento integrante de toda a honestidade, seja visto como difuso em todo o âmbito das virtudes e, ao mesmo tempo, presente em cada uma delas.

Tal como a formosura do corpo, enquanto proporção perfeita dos membros, atrai os olhos e por isso mesmo agrada justamente porque as partes compõem-se num conjunto elegante, de igual modo o decoro que resplandece na vida, incita a aprovação da parte daqueles com os quais convivemos, seja por causa da ordem e da constância, seja por causa da moderação, da temperança ou pudor que observam em nossas palavras e ações[119].

Devemos, portanto, demonstrar o devido respeito não só para com os melhores, mas também para com todos os demais. Na verdade, ignorar o que de si cada um pensa, não só seria arrogância, mas até algo de depravação. Ora, existe diferença entre justiça e pudor no que tange as relações sociais. Enquanto a justiça veta lesar direitos alheios, a vergonha impõe não magoar. Bem, aqui, é perceptível o esplendor do decoro.

Com tais explanações, penso ter-me feito entendido no que tange este conceito.

---

(119) Em latim: *"Ut enim pulchritudo corporis apta compositione membrorum movet oculos et delectat hoc ipso, quod inter se omnes partes cum quodam lepore consentiunt, sic hoc decorum quod elucet in vita, movet approbationem.."*.

Capítulo XXX

O decoro controla os movimentos da alma

O dever que daí decorre tem como primeiro direcionamento levar à conformidade com a natureza e à preservação da mesma. Assumida que ela for qual guia, jamais seremos desencaminhados nem deixaremos de perseguir, com acuidade e perspicácia, aquilo que mais se acomoda à socialidade entre os homens no seu aspecto exigente e vigoroso.

A principal prestância do decoro consiste nisso que, agora, vamos explanar. Com efeito, devemos não só controlar os movimentos do corpo para que sejam adequados à natureza, mas, acima de tudo, os movimentos da alma. Estes também devem ser ajustados segundo nossa natureza.

Há, realmente, duas forças na alma e em nossa natureza: uma está situada no apetite (aquilo que os gregos chamam "ormé"). É o que nos impulsiona de um lado para outro. A outra está na razão. Esta ensina e mostra o que devemos fazer ou evitar[120].

Oxalá que ao comando da razão o apetite submeta-se[121].

....

(120) Em latim: "Duplex est enim vis animorum ... una pars in appetitu posita est ... altera in ratione quae docet et explanat".
(121) Em latim: "Ita fit ut ratio praesit, appetitus obtemperet".

Capítulo XXXI

Os apetites submetam-se à razão

Toda ação deve estar escoimada de temeridade e de negligência. Também não se deve agir sem ter para isso motivo provável. Aliás, isso equivale à definição de dever. É, pois, necessário que o apetite submeta-se à razão sem antecipá-la ou dela se afastar, quer por indolência, quer por apatia[122]. Importa, sim, que se mantenha sob seu controle e esteja isento de qualquer perturbação. Daí provém a constância e a moderação que refulgem com todo esplendor.

Quando os apetites ultrapassam seus limites, com seus trepidantes ímpetos de cupidez ou de retraimento, então eles não se mantêm dentro do parâmetro da racionalidade. Não respeitam nem fim nem modo. É quando abandonam e espezinham a obediência porquanto desvinculam-se da razão à qual estão sujeitos por lei da natureza. Em decorrência disso, causam perturbações não só na alma, mas também no corpo.

Basta olhar para quem está tomado de cólera ou de qualquer outra paixão violenta de medo ou de excessiva cupidez. A fisionomia, a voz, o gesto e atitudes, tudo se altera.

De tudo isso conclui-se que para captar as regras do dever é imperioso reprimir e moderar todos os apetites, fazendo uso

----
(122) Em latim: "Efficiendum autem est, ut appetitus rationi oboediat..".

da observação cautelosa de sorte que nada de temerário nem de fortuito leve a agir com descuido ou negligência.

Nem pareça termos sido gerados pela natureza apenas para o esporte e divertimento, já que, antes do mais, ela nos predispõe para desempenhos mais graves e de maior relevância.

Verdade que os jogos e o divertimento são coisas lícitas, todavia devemos praticá-los tal como o sono e demais formas de repouso, após a execução de atividades desgastantes e sérias. Aliás, os tipos de divertimento não sejam excessivos nem imoderados. Antes, inocentes e alegres. Assim como só permitimos às crianças jogos que as familiarizem com coisas honestas, da mesma forma, em qualquer divertimento, brilhe a luz da probidade impoluta.

Há, com efeito, duas espécies de pilhéria. Uma, ignóbil, petulante, dissoluta e obscena. Outra, elegante, trescalando urbanidade, espirituosa e grácil. Desta última não faltam em nosso Plauto, nas comédias antigas dos gregos como também nos livros dos discípulos de Sócrates e em numerosos outros, elegantes ditos como os recolhidos por Catão, o "velho", nos seus "Apotegmas".

É fácil distinguir a pilhéria graciosa da grosseira. Uma é adequada, em tom de descontração. Essa é digna. A outra é imprópria porque veicula, em obscuridade verbal, coisas torpes. Ora, o divertimento tem limites intransponíveis que são ultrapassados, quando o apetite desenfreado precipita-se no abismo da torpeza.

A caça e os esportes de nosso campo fornecem modelos honestos de diversão.

Capítulo XXXII

Prazer físico e moderação

É pertinente à matéria toda dos deveres ter sempre presente quanto a natureza humana supera o gado e os demais animais. Eles apenas sentem o prazer e para o mesmo são direcionados de modo impetuoso. A mente humana, ao invés, alimenta-se de idéias. Sempre que especula ou age é atraída pelo deleite da visão e da audição. Ainda mais, se, por ventura, alguém é um tanto mais propenso aos prazeres, mesmo que não pertença à categoria dos irracionais (há, sim, homens só de nome e não de fato), mas mantendo certa elevação de caráter, então embora atraído pelo prazer, cuida de ocultar, dissimulando o apetite desregrado, mediante o senso de pudor.

Daí se conclui que o prazer do corpo não é lá tão digno de prestância. Deve ser tido em pouco e até rejeitado. Entretanto, caso alguém venha a ceder e pacturar com o prazer, então cuide de fruir dele, mas com moderação. Da mesma forma, o alimento e o trato do corpo estejam direcionados para a saúde e bem estar e não para o prazer. Se quisermos ainda refletir sobre a excelência e dignidade da natureza humana, então entendamos quão torpe seja o entregar-se à luxúria e levar uma vida flácida até mesmo de moleza, ao invés de viver com honestidade, com parcimônia, de modo continente, com regras e moderação.

Cumpre ainda entender que a natureza, de certo modo, revestiu-nos de dupla personalidade. Delas uma é a comum, aquela pela qual todos partilhamos da mesma racionalidade. Graças a essa sua prestância é que superamos os animais. Dela também deriva tudo quanto é honesto e decoroso. É nela ainda onde se fundamentam nossos deveres. A outra é aquela que confere individualidade a cada um de nós.

Assim como na estrutura física dos corpos há grandes dissemelhanças porquanto uns possuem capacidade para correr, outros têm força para lutar, ao passo que em alguns semblantes está estampada a nobreza e noutros a formosura, do mesmo modo existe grande diversidade de espírito.

Lúcio Crasso[123] e Lúcio Filipo[124] ostentavam muita elegância. Caio César[125], filho de Lúcio, possui-a em grau bem elevado, mas mesclada de artificialismo.

Naquela época, Scauro[126] e Marco Druzo[127], embora jovens, eram de singular seriedade; Caio Célio, uma grande alegria; Cipião, seu amigo íntimo, muita ambição e severidade de costumes.

Entre os gregos, somos informados que Sócrates era tranquilo, jovial, brincalhão de conversa e que sempre se expressava, usando ironia (em grego "eironéia").

Pitágoras[128] e Péricles[129] gozavam de grande ascendência, apesar de nada joviais.

Entre os generais cartaginenses, Aníbal era o mais sagaz e entre os nossos, G. Máximo, ostentava muito apuro em ocultar, em reverter planos, em dissimular e armar emboscadas, adivinhando os planos dos inimigos.

....

(123) Lúcio Craso, personagem do livro de Cícero "O Orador".
(124) Lúcio Felipo, cônsul no ano 663 de Roma.
(125) Caio César lutou contra os Samnitas.
(126) Scauro: foi cônsul e grande orador.
(127) M. Druzo foi tribuno e avô de Catão Uticense.
(128) Filósofo de Samo, fundador da escola itálica.
(129) Péricles: discípulo de Anaxágoras. Orador e político.

Nesse mesmo nível, os gregos colocam Temístocles e Jason de Feres[130].

Também prima pela sagacidade Sólon que para dar maior segurança a si mesmo e melhor servir, em certas circunstâncias, a sua pátria, ele se fazia de louco[131].

Há outros muitos diferentes destes. São simples, abertos, incapazes de agir às escondidas, nada armam de traição, amigos da verdade e inimigos da fraude. Também há outros prontos a tudo suportar e servir a fim de lograrem seus intentos. Assim era L. Crasso e Silas[132].

Por sua vez o espartano Lisandro, astuto refinado, demonstrou-se sumamente compreensível. O contrário dele foi Calicrátida que o sucedeu no comando da frota.

Isso ocorre também nas conversas. Há quem, apesar de sua prepotência, leva a crer que seja igual aos demais. Assim eram os dois Catulos[133], pai e filho. Também G. Múcio Mância. Eu mesmo ouvi dos antigos coisa idêntica a respeito de Públio Cipião Narica. Ao contrário, seu pai, que rebateu os ferozes ataques de T. Graco, era nada afável na conversação.

Xenócrates[134], o mais severo dos filósofos, apesar disso não deixou de conquistar preclara fama.

Há ainda incontáveis outras dessemelhanças de caracteres e de costumes que, todavia, não devem ser depreciadas.

---

(130) E. Jason: comandante dos Argonautas que se apossou do véu de ouro, em Coleo.
(131) Fingindo-se de endoidecido, Sólon concita os Atenienses a guerrear os Margareos para recuperar Salamina cujo nome sequer podia ser pronunciado, em público, sob pena de morte.
(132) Silas: famoso rival de Mário.
(133) O pai e o filho figuram no texto "O Orador".
(134) Xenócrates era tão respeitado que, em certa ocasião, estando para emitir juramento num processo, os juízes o dispensam, alegando que sua palavra vale mais que juramento.

Capítulo XXXIII

Nunca conflitar com a natureza

A fim de adquirir, com mais facilidade, aquele decoro de que estamos falando, procure cada um manter o que lhe é próprio desde que não seja maculado pelo vício. Para tanto cuide de agir de modo a não conflitar com a natureza em sua universalidade. Uma vez respeitada essa, que então cada qual atente para a própria natureza de modo que se deparem coisas sublimes e excelentes, que se regulem e meçam sempre em consonância com sua natureza individual. De nada adianta opor-se à natureza e andar na busca daquilo que não pode ser alcançado.

Desse modo capta-se o significado do decoro. Como dizem, nada é lícito fazer sem o beneplácito de Minerva[135], ou seja, em conflito frontal com a natureza.

Em suma, o decoro consiste, exatamente, no equilíbrio harmônico da vida total e também na dimensão individual dela. Não poderás realizá-la, se, ao imitar os caracteres alheios, descuidares do teu próprio.

....
(135) Marco Catão a fim de não se entregar a César, suicidou-se, em Útica, na África.

Devemos fazer uso da língua de nossa origem e não intercalar nela palavras gregas. Quem assim procede torna-se ridículo. Do mesmo modo devemos conduzir a inteira existência sem discrepância alguma.

Essa disparidade de natureza tem em si tal força que, na mesma situação, alguém julga dever matar-se, enquanto para outro é deveroso conservar-se em vida. Foi diferente a conjuntura de M. Catão e de outros que, na África, renderam-se a César?

Se aos demais, talvez, não fosse recriminada a rendição, já que eram afeitos à flacidez da vida e à corrupção dos costumes, Catão, porém, dotado como fora pela natureza de incomum severidade consolidou-se mediante constância indefectível, sempre soube levar a termo suas decisões e assim preferiu, no final, antes de morrer que encarar a face do tirano.

Quanto não terá sofrido Ulisses, naquele longo peregrinar, quando teve de submeter-se ao serviço daquelas mulheres (se é que Circe e Calipso merecem tal denominação[136]) e diligenciar por ser agradável em sua fala, sem faltar à cortesia com ninguém.

Chegado que foi em casa, sofreu ainda injúrias de seus criados e servos e criadas, mas tudo isso ele suportou com o intento de alcançar seus objetivos.

Ao contrário, Ájax[137], com aquele seu temperamento, teria mil vezes preferido a morte a sofrer tais humilhações.

Considerando tais coisas, conclui-se ser necessário que cada um conheça o que tem de si e exerça autocontrole sem querer se imiscuir em negócio alheio. Para cada um está bem mesmo o que lhe for mais adequado.

....

(136) Depois da tomada de Tróia, Ulisses peregrinou pelo mundo e encontrou, passando pela ilha de Arce, uma célebre feiticeira que tentou retê-lo. Também a ninfa tentou dominá-lo, mas ele preferiu não renunciar nem a sua pátria Itaca nem sua fiel esposa, a Penélope nem ao seu filho amado, o Telêmaco.
(137) Ajax: herói grego, filho de Télamon, guerreiro ilustre na guerra de Tróia e conhecido por sua força física. Cometeu suicídio, quando as armas de Aquiles foram entregues a Ulisses. Isso foi tema da tagédia escrita por Sófocles.

Por isso cada um perscrute o próprio gênio, fazendo uma rigorosa tabela de suas próprias virtudes e vícios. Não ocorra que os comediantes sejam mais atilados do que nós. Eles, com efeito, não escolhem as melhores peças teatrais, mas aquelas que se acomodam mais ao tipo dos atores. Quem possui voz tonitriante prefere "Epígonos e Medusa". Quem tem a perícia dos gestos, opta por "Melunipe e Clitemnestra". Lembro-me de Rupílio que sempre representava Antígone, ao passo que Esopo não recusava representar Ájax.

Ora, se um comediante está atento para o que lhe convém no palco, então cada pessoa sábia não faria o mesmo em sua vida?

Cuidemos então de devotar-nos, com preferência, às coisas para as quais temos maior aptidão. Se a necessidade nos leva a lidar com coisas estranhas a nossas tendências, então devemos usar da maior cautela, reflexão e diligência de modo que, se não podemos fazê-lo de modo perfeito, ao menos que não seja extravagante.

Em todo caso, seja nosso o empenho tanto em não estar no encalço de dotes que não nos foram galhardoados e fugir dos vícios.

Capítulo XXXIV

A fortuna e as circunstâncias

Aos dois tipos sobre os quais falamos acima, seja acrescentado um terceiro que a fortuna e as conjunturas impõem. Há ainda um quarto que depende de nosso modo de avaliar. Pois o reinado, o império, a nobreza, as honrarias, as riquezas, as obras e o que a isso tudo se opõe, dependem de dois fatores: a fortuna e as circunstâncias temporais. Todavia depende também da vontade de cada um o tipo de pessoa que almeja ser.

Assim, uns se dedicam à filosofia, alguns ao Dreito civil e outros à eloqüência. Até há quem prefere brilhar em aspecto diversificado dentro das mesmas virtudes.

Aqueles cujos pais ou antepassados distinguiram-se em algum tipo de glória, também procuram, ordinariamente, brilhar na mesma espécie de honraria. Assim G. Múcio, filho de Públio, no cultivo do Direito e Paulo, filho do Africano, na carreira militar.

Ocorre que alguns acrescem novos méritos aos que herdaram de seus pais. Assim esse mesmo Africano que uniu a glória militar à eloqüência. O mesmo fez Timóteo, filho de Cónon que, nada inferior ao pai no prestígio militar, tornou-se mais distinto pelo cabedal de conhecimentos e habilidades.

Sucede ainda que alguns, deixando de imitar seus maiores, perseguem um projeto bem pessoal. Principalmente aqueles de origem obscura não deixam de lutar por valores altaneiros.

Ora, tudo isso devemos avaliar com o coração e a mente, quando indagamos a respeito do que é "dever". Antes do mais devemos estabelecer o que e como queremos ser. Depois, qual o gênero de vida a realizar. Aliás, essa decisão é a mais difícil de todas. No despertar da adolescência, quando ainda é grande a imaturidade decisória, então cada um projeta como estilo de existência aquilo que é de seu maior agrado. Assim, já fica implicado num certo tipo de vida e carreira, antes mesmo de poder avaliar o que lhe seria efetivamente melhor.

Em Xenofonte[138], Pródico[139] narra que Hércules, no raiar de sua adolescência, tempo dado pela natureza para a escolha do caminho a ser palmilhado ao longo da vida, teria se retirado para um sítio deserto e, ali, assentado, a longo refletia sobre os dois caminhos, sendo um do mero prazer e outro da virtude, a fim de saber em qual deles seria melhor ingressar.

Isso poderia talvez acontecer com Hércules, nascido do sangue de Júpiter[140], mas não a nós que imitamos aqueles que nos servem de modelos e somos impulsionados para suas preferências e propósitos. Por via de regra, imbuídos dos ensinamentos de nossos pais, somos induzidos para usanças e costumes deles.

Outros, levados pela opinião da multidão, desejam, ardentemente, o que parece mais atraente para a maioria. Outros, enfim, há que, sem a educação paterna, mas por dom espontâneo da natureza, tomam o caminho correto na vida.

---

(138) Xenofonte: discípulo de Sócrates, era filósofo e historiador.
(139) Pródico: discípulo de Pitágoras. Professava o sofisma.
(140) Filho de Júpiter e de Alemena.

Capítulo XXXV

Fortuna e natureza

Muito rara é a categoria daqueles que, seja pela magnitude incomum de gênio, seja pela singularidade da erudição e doutrina ou mesmo graças a ambas, tiveram condições para deliberar acerca da carreira a abraçar na vida, sendo que, em tal decisão, o acerto final há de estar afinado com a natureza pessoal de cada um.

Conforme já explicado, se o decoro, em tudo que é realizado, depende da adequação com o que cada um é por nascimento, então, por razão mais forte, em se tratando da estrutura da existência toda, haveremos de aplicar muito mais empenho a fim de compor a vida sem quebra de nossos deveres[141].

Para tal efeito, a natureza concorre com sua força plena, sendo seguida da fortuna. Ambas devem ser tidas em conta, quando da escolha do que se pretende na vida. A bem dizer, em primeiro lugar, a natureza. Ela tem, sim, mais firmeza e constância. A fortuna, sendo mortal, com freqüência, conflita com a natureza imortal. Quem, judiciosamente, estrutura sua natureza expurgada de vícios, que cuide de na mesma perseverar. Aliás, nisso está o

----

(141) Em latim: "Nam cum in omnibus quae aguntur, ex eo, quomodo quisque natus est, ut supra dictum est, quid deceat, exquirimus, tum in tota vita constituenda multo est ei rei cura maior adhibenda, ut constare in perpetuitate vitae possimus nobismet ipsis nec in ullo officio claudicare".

máximo do decoro. Se ocorrer que descubra ter errado na escolha do gênero de vida (e nada de estranho que ocorra), cabe então mudar de hábitos e projeto.

Tal mudança, se as circunstâncias ajudarem, que seja feita com a maior facilidade e de modo cômodo; caso contrário, seja conduzido com sensatez e paulatinamente.

Assim as amizades, quando se tornam pouco delectáveis e até reprováveis. Então os sábios aconselham delas apartar-se de modo cuidadoso e não de modo brusco.

Em se tratando de mudança no rumo de vida, isso deve ser feito por razões de peso e demonstrar que agimos bem aconselhados.

Como pouco acima foi dito, os maiores devem ser imitados, porém, com uma ressalva, a saber, com exceção de seus vícios. Depois, se a natureza permite, certas coisas podem ser imitadas.

É o caso do filho do primeiro Africano. Este adotou um outro nascido de Paulo Emílio. Por causa da enfermidade, aquele não pode ser tão semelhante ao pai quanto este, adotivo, do seu.

Assim não poude nem patrocinar causas, nem discursar ao povo nas assembléias, nem terçar armas no campo de batalha. Isso não obstante, iria praticar aquelas virtudes que estavam ao seu alcance, tais como a justiça, a lealdade, a liberdade, a modéstia, a temperança. Assim dele foi menos exigido por causa de suas limitações.

A herança mais preciosa transmitida pelos pais aos filhos e superior a qualquer patrimônio é a glória das virtudes e dos feitos nobres. Deve então ser tido como nefando e ímpio tudo que inquina o seu decoro[142].

---

(142) Em latim: " Optima autem hereditas a patribus traditur liberis omnique patrimonio praestantior gloria virtutis rerumque gestarum, qui dedecori esse nefas et vitium iudicandum est".

Capítulo XXXVI

Deveres e diferença de idade

Visto que os deveres não são atribuídos por igual às diferentes idades porquanto há uns para jovens e outros para os idosos, então cabe falar desta distinção.

É dever da adolescência respeitar os mais velhos e dentre eles escolher os melhores e deixar-se orientar pelo aconselhamento e autoridade dos mesmos[143].

Com efeito, a imaturidade da idade juvenil postula ser regida pela prudência dos velhos[144].

Aquela idade deve ser afastada da libidinagem e exercitada no trabalho perseverante da alma e do corpo a fim de se habilitar para os afazeres, quer da guerra, quer da vida urbana.

Assim, ao querer relaxar o ânimo e entregar-se ao divertimento, precavenha-se contra a intemperança e recorde-se da modéstia. Isso será mais fácil, se, em tais momentos, tiver pessoa de mais idade como acompanhante.

Evidente que aos velhos é necessário restringir atividades físicas, mas aumentando as mentais. Procurem cooperar com

----

(143) Em latim: "Est igitur adulescentis maiores natu veteri exque iis deligere optimos et probatissimos quorum consilio atque anctoritate nitatur".
(144) Em latim: "Ineuntis enim aetatis inscitia senum constituenda et regenda prudentia est".

os amigos, com a juventude e, particularmente, com o Estado mediante conselhos e atos de bom senso.

Nada mais incompatível com a velhice do que a leviandade e a preguiça.

Por sua vez, a luxúria, se torpe em qualquer fase da vida, então muito mais detestável na velhice.

Quando a isso é somada a intemperança da libidinagem, então o mal duplica-se porque a velhice não só prejudica a si mesma como ainda torna mais vergonhosos os excessos dos adolescentes[145].

---

(145) Em latim: "Sin autem libidinum intemperantia accessit, duplex malum est, quod et ipsa senectus dedecus concipit et faciat adulescentium impudentiorem intemperantiam".

Capítulo XXXVII

Os deveres dos magistrados e dos civis

Também não está fora do nosso projeto omitir referência aos deveres dos magistrados, dos cidadãos privados e dos peregrinos. É, com efeito, específico da magistratura entender que ela personifica a cidadania cuja dignidade resguarda-se no esplendor da legalidade enquanto é administrado o direito na perspectiva da fidelidade assumida[146].

É, outrossim, imperioso que o particular viva com seus concidadãos no mesmo plano de igualdade jurídica, sem dominação nem rebaixamento, mas também nada de arrogância. Que deseje tudo aquilo que aduz tranqüilidade e bem ético para o Estado. Tal individuo nós o qualificamos como homem do bem.

É dever dos peregrinos e residentes não irem além de seus negócios; não se intrometam em assuntos alheios e nunca participem da política local.

------

(146) Em latim: "Est igitur proprium munus magistratus intelligere se gerere personam civitatis debereque eius dignitatem et decus sustinere, servare leges, iura discribere, ea fidei suae commissa meminisse".

Eis então como nos deparamos com nossos deveres: ver o que é apto para nossa pessoa, para as circunstâncias do tempo e da idade[147]. Aliás, nada mais decoroso quanto manter-se constante em resoluções amadurecidas[148].

---

(147) Em latim: "Ita fere officia reperientur, cum quaeretur quid deceat et quid aptum sit personis, temporibus, aetatibus".
(148) Em latim: "Nihil est autem quod tam deceat quam, in ommi re gerenda, consilioque capiendo servare constantiam".

Capítulo XXXVIII

As três dimensões do decoro

Visto decoro mostra-se em todas as ações, palavras e ainda no movimento e postura do corpo, então ele se expressa em três modalidades, a saber, na formosura, na ordem e na elegância do agir. Nada fácil explicar tudo isso, todavia para o bom entendimento basta atentar para o seguinte. Nessa tríplice dimensão do decoro está implicado aquele empenho de ir ao encontro de quantos conosco convivem. Ora, sobre isso sejam essas breves palavras.

A princípio parece que a natureza mesma modela não só o rosto, mas a nossa figura por inteiro e, aí, deposita, de modo visível, um tipo especial de honestidade, ao passo que as outras partes do corpo, adequadas para necessidades fisiológicas, apresentam feição menos atraente e até repugnante. Eis então que ela as cobre e esconde.

A vergonha humana atende a essa delicada disposição da natureza. Por isso quem goza de mente equilibrada afasta dos olhos tais coisas que a própria natureza oculta e satisfaz suas necessidades de modo discreto.

Não se chamam pelos seus nomes nem as partes do corpo de uso necessário nem mesmo a função delas. Aquilo que não é torpe fazer, desde que às ocultas, torna-se obsceno se objeto de conversa.

Por isso a prática de tais ações, às escâncaras, é repulsivo tal como é vergonhoso delas falar.

Não merecem ser ouvidos os Cínicos e muito menos os Estóicos (afins deles) que contestam e mofam do fato de julgarmos ignonímia expressar em palavras o que em si não é torpe, ao passo que damos o nome adequado a coisas torpes. Pois roubar, fraudar, adulterar são coisas em si torpes, porém expressá-las, em palavras, nada de obsceno. Assim também nada tão honesto como gerar filhos, mas disso falar já é obsceno.

Pelo visto no tocante ao decoro há entre eles divergência em muitas áreas.

Quanto a nós, seguimos a natureza e resguardamo-nos de tudo que causa horror aos olhos e repulsa aos ouvidos.

Por isso, o estar de pé, o andar, o acomodar-se, o deitar-se bem como o nosso semblante, os olhos, o movimento das mãos, tudo esteja impregnado daquele senso de decoro. Assim evitam-se, principalmente, duas atitudes: a efeminada e a laxa como também a ríspida e a grosseira[149].

Que não aconteça que atitudes adequadas a comediantes ou a oradores sejam também assumidas para nós.

Segundo uma antiga convenção é regra entre os atores não adentrarem o palco sem estarem vestidos de bragas. Temem eles que, em determinada circunstância, fique exposta alguma parte do corpo, ensejando assim espetáculo indecoroso.

Entre nós é costume que os filhos púberes não se banhem em companhia de seus pais nem os genros com os sogros.

Devemos, portanto, conservar esse tipo de pudor, máxime quando temos a própria natureza por mestra e guia.

....
(149) Em latim: "Quibus in rebus, duo máxime fugienda, ne quid effeminatum aut molle et ne quid durum aut rusticum sit".

Capítulo XXXIX

Decoro e beleza

Há, com efeito, duas espécies de beleza: uma é a beldade e a outra a dignidade. A beldade aplica-se às mulheres enquanto a dignidade é própria dos homens.

Do aspecto físico seja expurgado qualquer ornato não conveniente ao homem. Que se cuide para que o mesmo defeito não macule o gesto ou o movimento.

Com freqüência, ocorre que os movimentos dos palestristas desconjuntados e muitos dos gestos estudados dos comediantes não fogem do ridículo. Em todo caso, nesse duplo tipo de atitudes, seja apreciado o que for reto e simples. Por outro lado, a dignidade da figura física mantém-se graças àquele aspecto agradável oriundo dos exercícios físicos. Deve-se então ter asseio nada chocante nem rebuscado. Basta que seja isento de rusticidade e de qualquer desleixo.

A mesma norma vale para as vestes. Aqui, tal como em outras coisas mais, a modéstia é o que mais enobrece. É de cuidar que nossos passos não sejam nem vagarosos nem compassados a ponto de parecermos semelhantes aos andadores de procissões.

E, quando apressados, nem por isso sejamos velozes. Isso nos torna ofegantes, altera o semblante e contorce a boca. Aliás, desses sinais a mensagem é clara: está faltando constância.

Antes de tudo haja esforço para impedir que os movimentos da alma não se distanciem de sua natureza. Isso lograremos, se cuidarmos de não cair em agitação e abatimento, enquanto mantemos o espírito empenhado na manutenção do decoro.

Esses movimentos dividem-se em duas categorias. Uns do entendimento e outro do apetite. O primeiro ocupa-se da descoberta da verdade. O segundo impulsiona para a ação.

Portanto, devemos fazer uso do intelecto para as melhores funções enquanto submetemos o apetite à razão[150].

---

(150) Em latim: *"Curandum est igitur, ut cogitatione ad res quam optimus utamur, appetitum rationi oboedientem praebeamus"*.

Capítulo XL

A palavra como discurso e conversação

É, realmente, grande o vigor da palavra que se manifesta duplamente: como discurso e como conversação.

O discurso é usado nas disputas forenses, em assembléias e no Senado. A conversação é empregada nos grupos de convivência, nas disputas privadas, nos encontros familiares e também nos encontros informais.

Os retóricos ditam as normas do discurso. Nenhuma, porém, para a conversação. Aliás, pessoalmente, não vejo motivo para que não sejam as mesmas. Professores não faltam para o aprendizado dos discentes. O que falta são alunos para tal disciplina enquanto existem multidões para os retóricos.

No entanto as regras das palavras e das proposições são as mesmas que se aplicam à conversação[151].

Já que temos a voz qual instrumento da linguagem, sejam então privilegiadas nela duas coisas, isto é, a clareza e a suavidade. Uma e outra devem ser objeto de petição junto à natureza. Em todo caso, que o exercício aperfeiçoe a primeira e a segunda imite a pronúncia articulada e suave de certos locutores.

....
(151) Em latim: "Sed discentium studiis inveniuntur magistri, huic autem qui studeant sunt nulli; rethorum turba referta omnia, quanquam, quae verborum sententiarumque praecepta sunt, eadem ad sermonem pertinebunt".

Nada se depara nos "Catulos" para tê-los na conta de refinados cultores das letras. Eram, sim, cultos, mas não só eles. Há ainda outros. Eles são reputados quais exímios usufruidores da língua latina. Os Catulos tinham doçura na tonalidade vocal e as palavras não eram apressadas nem reprimidas de sorte a não causarem obscuridade nem afetação, já que a voz era fluente sem languidez. Também nada de cantante.

Verdade que Lúcio Crasso era mais facundo sem perda de agradabilidade, mas nem por isso era despresível a fama dos Catulos. Eles eram tidos como bons locutores.

Por sua vez, César, irmão do pai de Catulo, superou a todos pela sutileza tanto que, mesmo no discurso forense, sempre teve sucesso, quando das contestações e das réplicas.

Ora, nisso tudo devemos fixar nossa atenção, se é que intentamos generalizar o devido decoro.

Capítulo XLI

A conversação agradável

Eis então o tipo de conversação na qual os Socráticos se destacavam de modo ímpar: ser plácido, nada de rudeza nem de excessiva loquacidade.

Quem usa da palavra não seja qual dono da área de onde os demais são excluídos. Pelo contrário, tal como ocorre em muitas outras circunstâncias, que o intercâmbio espontâneo enlace a comunicação verbal.

Atente-se, antes do mais, para o teor da fala de modo que, em assunto sério, haja gravidade. Em conversa, com tom de pilhéria, que seja faceto.

Que se cuide a fim de que a conversação não incida em qualquer vício de ordem moral como ocorre quando, acintosamente, os ausentes são destratados ou quando se redicularizam ou ofendem-se os desafetos.

Normalmente, as conversas giram em torno de assunto ou caseiro ou de problema de administração pública ou são referentes á arte e ás ciências.

Quando o fio da conversa desvia-se para assunto diverso, então que o interlocutor cuide-se para retornar à pauta da conversação, lembrado de que nem todos gostam das mesmas coisas nem durante o mesmo tempo ou do mesmo modo.

Importa ter tino para detectar o grau de agradabilidade de conversa e assim saber quando começar e também quando terminar.

Do mesmo modo que, em tudo, na vida, é de preceito sapientíssimo fugir das perturbações, ou seja, daqueles movimentos de espírito rebelde, retomando o controle racional, assim também a conversa deve estar livre de semelhantes agitações de tal sorte que nada nela apareça de ira nem de cupidez ou qualquer tipo de indolência, de indiferença ou algo semelhante.

Acima de tudo, seja manifesto o respeito mútuo e até o bem-querer à pessoa que dialoga conosco.

Por vezes, as repreensões são necessárias. Então empregue-se aspereza no tom da voz e mesmo as palavras sejam ríspidas. Todavia, ao proceder assim, jamais nos demonstraremos irados.

Tal como o médico para queimar e amputar, assim também para castigar, só podemos agir mui raramente e até constrangidos. Isso em caso de absoluta necessidade desde que não se apresente nenhuma outra alternativa. Mesmo assim que a ira esteja longe, já que, sob seu influxo, nada acontece de justo nem de ponderado[152].

Por via de regra convém abrandar ao máximo qualquer castigo, mas tal mitigação seja praticada de modo a ensejar severidade que repulsa o ultraje. Com efeito, é necessário que o lado contundente da reprovação demonstre visar o bem da pessoa corrigida.

É igualmente coisa boa, em conflito com nossos piores inimigos, mesmo sabendo de acusações repugnantes que nos atribuem, manter a dignidade, rechaçando os ímpetos de ira. Pois o que é feito em clima de perturbação não pode ter consistência nem ser do agrado de quantos o presenciam.

Também detestável vangloriar-se, principalmente, usando falsidade e assim imitar o soldado que se gaba de herói, mas fica exposto à irrisão do público.

....
(152) *Em latim: "Sed tamen ira procul absit, cum qua nihil recte fieri, nihil considerate potest".*

Capítulo XLII

O decoro da residência

Já que estamos em busca de tudo, ou pelo menos assim nos propomos, cumpre então falar também de como deve ser a casa do homem honrado e sobranceiro.

Desta a finalidade é o uso ao qual deve adequar-se o plano de construção com respeito seja à comodidade seja à dignidade.

Sabemos que C. Otávio, o primeiro cônsul de sua linhagem, edificou uma belíssima casa ornada com o esplendor da dignidade, no monte Palatino. Sendo ela visitada pelo povo, isso concorreu para a votação de seu dono, aliás, gente nova, para o consulado.

Depois, Scauro a demoliu, adicionando aquela área ao seu imóvel.

Assim aquele trouxe para sua casa o consulado; este, embora filho de varão ímpar em respeitabilidade, carreou para sua casa ampliada não só a repulsa ao consulado, mas ainda infâmia e desgraça.

Se é verdade que, na casa, a dignidade da pessoa encontra seu esplendor, não é por isso que o dono faz da mesma seu título de honra, já que é ele quem confere honestidade à residência.

Como nas demais coisas, a razão manda cuidar não só de si, mas também dos outros. Então a fim de um cidadão ilustre receber, em sua casa, muitos hóspedes e franqueá-la para todas as categorias de pessoas, cuide então que seja espaçosa.

No entanto, a casa ampla torna-se motivo de vergonha para seu dono, quando nela reina a solidão, ainda mais, quando, em posse do proprietário anterior, era freqüentada. Em todo caso é deprimente ouvir dos transeuntes:

"Ó velha casa, quão diverso é seu atual dono[153]".

Com efeito, hoje em dia, isso pode ser dito de muitas residências[154].

Que te cuides então, ainda mais se és tu o construtor, para não exceder em despesa nem em luxo. Daí advêm muitos males e não faltam exemplos.

A propósito, muitos cuidam de imitar, nesse particular, cidadãos mais prestantes. Todavia quem já imitou a virtude daquele personagem excepcional que foi o L. Lúculo? Muitos imitaram a magnificência de suas vilas. Ao erigi-las, por certo, devemos usar de moderação, reduzindo tudo ao termo médio que sirva de padrão para o uso e conforto da vida.

É quanto basta para tal assunto.

....
(153) Em latim: "Ornanda enim est dignitas domo, non ex domo tota quaerenda, nec domo dominus, sed domino domus honestanda est".
(154) Em latim: "O domus antiqua, heu quam dispari dominare domino quod quidem his temporibus in multis licet dicere".

Capítulo XLIII

Três dimensões da ação humana

Ao realizar qualquer atividade, três normas são necessárias: primeiro, que o apetite obedeça à razão já que nada mais tão importante para cumprimento dos deveres; segundo, que se considere de que monta seja a coisa a ser executada a fim de não exceder nem diminuir o empenho; terceiro, cuidar que as coisas quer em relação aos outros, quer em relação a nós sejam moderadas. A melhor regra, em suma, é manter o decoro do qual acima já falamos e nunca ir além. Das três regras, a mais importante é que o apetite fique sujeito à razão.

Capítulo XLIV

O decoro como ordem e oportunidade

Eis que, agora, cabe falar da ordem nas coisas e da oportunidade em relação ao tempo. Esses dois elementos estão contidos na ciência que os gregos denominam "eutaxia", não no sentido de modéstia (e nesse sentido está incluso o de moderação) e, sim, no significado de manutenção da ordem.

Que seja então chamada modéstia aquilo que os Estóicos designam como ciência de pôr no seu devido lugar as coisas a serem feitas e ditas.

Daí resulta que a estrutura da ordem equivale à disposição das coisas no devido posto. Aliás, o tempo oportuno da ação é chamado em grego "eucairia": "boa ocasião".

Portanto, a modéstia, que nós entendemos como moderação é a ciência da oportunidade, das circunstâncias favoráveis ao agir. Esta definição pode ser aplicada também à prudência da qual falamos acima, porém, aqui, tratamos da moderação, da temperança e de outras virtudes afins. Com efeito, o que era próprio só da prudência, já foi dito no seu lugar. Agora, é tempo de analisar o que é específico dessas virtudes sobre as quais estamos tratando há tempo, isto é, o decoro e sua aprovação pelo convívio social.

Tal deve ser a ordem nas ações como ocorre num discurso bem conectado de sorte que tudo, na vida, proceda bem articulado e na devida proporção. É mesmo vergonhoso e até grosseria inominável inserir na conversação sérias palavras ou gracejos maliciosos.

Com efeito, adequada foi a resposta de Péricles que então tinha o poeta Sófocles como colega na pretura. Ao ver que passava, por ali, um jovem bem apessoado, exclamou:

"Péricles, que belo rapaz"!

"O' Sófocles", replicou ele:

"O pretor deve ter controle não só sobre as mãos, mas também ter olhos circunspectos[155]".

Caso Sófocles tivesse dito aquilo no ato de classificar atletas, até que estaria isento de censura. Tal a exigência de saber adaptar-se ao lugar e ao tempo.

Assim, se alguém está promovendo uma ação judiciária, põe-se a caminhar entregue à reflexão ou detém-se concentrado em outro assunto, não é por isso digno de reprovação. Tal atitude em ambiente de festa é tida por descortês porquanto fora da circunstância de lugar.

As coisas que ferem, grosseiramente, as regras de urbanidade tal como pôr-se a cantar na praça ou outra extravagância desse gênero, tudo isso cai, de imediato, na evidência. Por isso não necessita de correção especial nem de regulamento. Naqueles delitos que parecem ser de pequena monta e passam por despercebidos pela maioria, desses, sim, devemos nos precaver com diligência.

Como no soar das cordas e da flauta basta uma leve desafinação para ser percebida por quem entende de música, assim também seja observado que, na vida, nada ande em dissonância. Aí, a harmonia é mais valiosa do que os sons no concerto[156].

....
(155) *Em latim: "At enim praetorem, Sóphocles, decet non solum manus sed etiam óculos abstinentes habere".*
(156) *Em latim: "Ut in fidibus aut tibiis quamvis paulum discrepent, tamen id a sciente animadverti solet, sic videndum est in vita ne forte quid discrepet, vel multo etiam magis, quo maior et melior actionum quam sonorum concentus est".*

Capítulo XLV

O decoro na fisionomia e nos gestos

Assim como os ouvidos dos músicos captam, em seus instrumentos, a mínima dissonância também nós, posto que vigilantes e atentos aos vícios, então muita coisa de vulto será percebida com base a leves indícios[157].

Do movimento dos olhos, do abaixar ou levantar dos supercílios, do aspecto triste ou alegre, do riso, da palavra e do silêncio, da tonalidade da voz e de outras manifestações similares, de tudo isso, logo, conclui-se o que ocorre em consonância e o que discrepa da postura ética e da natureza.

A propósito, nada de inconveniente avaliar como deveria ser o agir alheio de sorte que, se algo fere o decoro, então que tratemos de evitar em nós mesmos.

Fato é que (e não sei bem por qual razão) nós enxergamos nos outros muito mais e melhor do que olhando para nós mesmos. Por isso com mais facilidade os professores corrigem os defeitos daqueles dos quais se fazem imitadores.

....
(157) Em latim: *"Itaque ut in fidibus musicorum aures vel mínima sentiunt, sic nos, si acres ac diligentes iudices esse volumus animadversoresque vitiorum, magna saepe intellegemus ex parvis"*.

Capítulo XLVI

A imitação dos bons exemplos de virtude

Também nada fora de propósito assegurar que para fins de deliberar, em casos duvidosos, cabe consultar pessoas doutas ou práticas e extrair delas o que pensam em suas especializações já que a maioria dos homens sóem pender para onde a própria natureza atrai. Em tais casos, devemos atentar não só para o que dizem, mas também para o que sentem e porque assim sentem.

Os pintores, os escultores e até os poetas expõem suas obras à vista do público e, quando algo é criticado por mais de um, então eles cuidam de fazer a correção do defeito. Eles perguntam a si e aos outros para saber onde erraram. É assim que ficamos sabendo como fazer ou não, mudar ou corrigir muitas coisas, seguindo o parecer alheio.

A respeito daquelas coisas que são feitas por força dos costumes e das normas civis, aí não há o que preceituar porque já existem normas. Fica então descartada a hipótese de alguém ser induzido a erro em base ao fato de terem Sócrates ou Aristipo feito ou dito algo contra os usos e costumes. Até que tais deslizes ser-lhes-iam relevados, já que eles se distinguiam por predicados divinos. Mas, a doutrina dos Cínicos deve ser rejeitada porque contraría a doutrina do pudor. Sem ele nada mais seria correto nem honesto.

Devemos, sim, honrar e venerar aqueles que por suas vidas tornaram-se notáveis pela conduta honesta e pelos serviços prestados à República da qual foram e continuam sendo beneméritos. Na mesma conta sejam todos os idosos e quantos dedicam-se ao exercício da magistratura. Devemos ainda distinguir entre o cidadão e o estrangeiro, sendo que este pode ter vindo por iniciativa própria ou por determinação oficial.

Em suma, para não entrar em tantos pormenores, é dever nosso promover, defender e manter a união e a solidariedade de todo o gênero humano.

Capítulo XLVII

Profissões e honestidade do lucro

Agora passo a referir a opinião mais aceita sobre as profissões e os meios de lucros que são dignos de homem livre e quais os indignos[158].

Antes do mais são severamente criticados aqueles lucros que incorrem em repulsa pública tal como coletores de impostos e usurários. De outro lado, são indignos do nome de homem livre todos os trabalhadores a serviço de outrem que são pagos pela mão-de-obra e não pela arte. Aí, o pagamento do salário já é título de servidão[159]. Vil também o lucro daqueles que compram para, de imediato, revender. O lucro daí extraído é mero produto da mentira e nada mais vergonhoso que a falsidade.

Todos os ofícios dos artesãos são de baixo teor, já que nada existe de genial numa oficina[160].

Também nem de longe são recomendadas aquelas artes que atendem aos apetites como peixeiro, açougueiro, cozinheiro, salsicheiro e pescador, como Terêncio afirma. Acrescentem-se

---
(158) O leitor ficará pasmo com a concepção de Cícero sobre a ilicitude ética de certas atividades comerciais. Talvez seja esta a única parte do livro sujeita a nossa crítica.
(159) Em latim: "... est enim in illis ipsa merces auctoramentum servitutis".
(160) Em latim: "Opificesque omnes in sordida arte versantur, nec enim quicquam ingenuum habere potest officina".

ainda, se for do agrado, os perfumistas, dançarinos e batoteiros.

Ao invés, aquelas profissões que implicam maior saber e das quais se retira não medíocre vantagem como a medicina, a arquitetura, ciência das coisas honestas, são elas dignas de respeito especialmente para quem pertence à categoria que tais artes beneficiam.

O comércio feito a varejo é desprezível. Quando em grande escala, trazendo muitas coisas de vários cantos e favorecendo a muitos sem trapaça, então nada de reprovável.

Também ocorre que, alcançado o lucro e satisfeito com ele, o comerciante transfere-se do alto mar para o porto e daí para o campo. Assim é de todo louvável.

Em todo caso, de tudo de onde se aufere lucro nada supera a agricultura, uma vez que nada mais frutífero, mais ameno e digno de um homem livre. Em "Catão Maior", eu já disse muitas coisas a respeito disso. Ali, encontras o que tange o presente tema.

Capítulo XLVIII

Critérios de honestidade

Assim parece, suficientemente, demonstrado de quais fontes é deduzido o que é honesto e como configuram-se os deveres.

Pode ocorrer que coisas honestas entrem em conflito entre elas. Cabe então compará-las a fim de determinar qual dentre as duas seja a mais honesta. Eis um tema omitido por Panésio.

Visto que a honestidade deriva de quatro fontes imediatas, a saber conhecimento, socialidade, fortaleza e temperança, então é necessário buscar o conceito de dever, fazendo o confronto entre essas mesmas fontes.

Pelo visto os deveres mais consoantes com a natureza são aqueles que resultam da socialidade e não do conhecimento. Isso se prova pelo seguinte argumento.

A vida do sábio pode estar cercada de todo conforto como de tudo quanto é digno de conhecimento e assim desfrutar da plena ociosidade. Isso não obstante, se for cercado pela solidão a ponto de não ter olhos para ver outro ente humano, melhor fora desistir de viver.

A primeira dentre todas as virtudes é a sabedoria que os gregos denominam "sofia". A "prudência" que os gregos chamam de "fronésis" é de outro gênero. Nós a entendemos como a ciência tanto das coisas para seguir como das coisas para evitar.

Aquela sabedoria, que eu qualifiquei como a maior, consiste no conhecimento de todas as coisas humanas e divinas, incluindo as relações sociais entre os homens e os deuses.

Se ela é máxima, como de fato é, então o dever dela derivado, em face da vida social, é também o maior de todos.

Além disso, conhecer e refletir sobre a natureza é algo imperfeito e apenas incoativo, se não for complementado pela efetividade da ação. De preferência, essa ação esteja voltada para salvaguardar os interesses alheios no intento de beneficiar o gênero humano. Necessário então que ela goze de primazia na área do conhecimento. Qualquer pessoa digna demonstra tudo isso, avaliando e confirmando mediante seus atos. Mesmo quem está devotado à pesquisa e ao conhecimento da natureza das coisas, envolto em temas deslumbrantes, logo, ao ser, de improviso, informado a respeito de perigo iminente e divisões em sua pátria, sendo-lhe exeqüível vir em socorro dela, então abandona tudo, mesmo que estivesse a enumerar as estrelas e a medir as dimensões do universo. O mesmo faria, no caso de interesse ou de perigo, seja dos pais, seja do amigo.

Dessas coisas conclui-se que os deveres da justiça devem ser antepostos aos da ciência porquanto eles implicam a utilidade em favor dos homens. E nada tão enraizado no ser humano.

Capítulo XLIX

A prevalência da dimensão comunitária

Houve, sim, aqueles cuja vida inteira e estudos estiveram voltados para o campo do saber. Nem por isso eles omitiram empenho em fomentar benefícios em favor da comunidade. De fato, eles levaram muitos cidadãos a serem melhores e mais úteis para o Estado. Assim procedeu Lisis, o Pitagórico, com o tebano Epaminondas e Platão com Díon de Siracusa. Há ainda muitos outros exemplos. Aliás, eu mesmo, quando entrei no governo, tinha sido preparado por mestres e estava bem guarnecido de doutrina.

Aqueles não só, durante a vida, instruíram a quantos queriam aprender, mas, mesmo após a morte, mediante suas obras literárias, continuam a ensinar, ainda mais porque nada omitem do que diz respeito às leis, aos costumes e ao governo da República. Assim dão a impressão de terem empatado todo seu tempo livre em nosso proveito.

Mesmo aqueles que se dedicaram aos estudos da doutrina e da sabedoria contribuíram, de modo especial, com seu saber e prudente dedicação para o bem de todos.

Se para tal objetivo eles fazem uso da oratória, desde que de modo prudente, então agem com maior eficiência do que aqueles que, embora dotados de pensamentos peregrinos, não a usam para uma comunicação eloqüente.

Aquele modo de pensar fica enclausurado dentro de si, ao passo que a eloqüência comunica-se àqueles aos quais estamos unidos em comunidade.

Capítulo L

O princípio ético da socialidade

Os enxames de abelhas não se juntam para construir os favos de mel e, sim, porque eles, sendo produtores de favos, são naturalmente[161] gregários. Assim também os homens unidos entre eles por sua natureza, usam de seu empenho para agir e para pensar em comum.

Se, pois, aquela virtude que deriva da conservação do gênero humano não impregnasse o conhecimento prático, tal ciência permaneceria infecunda e vazia. De igual modo a fortaleza, sem o senso da socialidade, assemelhar-se-ia mais à selvageria e à barbárie.

Eis então que o convívio e a comunhão entre seres humanos supera qualquer empenho pelos estudos acerca do conhecimento.

Não merece crédito quem afirma ser a sociedade humana o resultante de uma exigência das necessidades da vida, já que sem a ajuda alheia não poderíamos encontrar nem realizar o que a nossa natureza almeja. Nesse caso, se fossemos ajudados pelos deuses,

---

(161) Em latim: "Atque ut apium examina non fingendorum favorum causa congregantur, sed cum congregabilia natura sint, fingunt favos, sic homines, ac multo etiam magis, natura congregati adhibent agendi cogitandique sollertiam".

como dizem, em tudo quanto toca à sobrevivência e ao conforto da vida, qualquer indivíduo, com talentos especiais, deixando de lado toda preocupação com seus negócios, dedicar-se-ia, por inteiro, à ciência e ao saber. Na verdade, isso não ocorre. Para poder fugir da solidão, ele iria procurar um companheiro de trabalho a fim de comunicar-se com ele, seja ensinando, seja aprendendo, ou para ouvir ou para falar. Portanto, aquele dever que decorre da união entre os homens e da sociedade do gênero humano deve ser preferido ao dever relativo aos estudos e à ciência.

Capítulo LI

O princípio da socialidade é aferido pela prudência

Talvez se devesse questionar acerca desse senso de comunidade que corresponde tão intimamente à nossa natureza a fim de saber se deveria ter prevalência mesmo sobre a moderação e a modéstia. A mim me parece que não. Há certas coisas tão nefandas e prejudiciais que o homem sensato jamais deveria praticá-las, mesmo na hipótese de defender a pátria.

Posidônio apresenta numerosos exemplos a propósito disso, mas alguns são de tal modo tétricos e obscenos que só referi-los já é desonesto.

Eis que o homem que é sábio nunca realizará tais coisas pela pátria. Aliás, nem o Estado esperaria que assim procedesse.

Esse assunto fica resolvido de modo mais cômodo, tendo em vista nunca ser oportuno que o sábio realize tais coisas em benefício da pátria.

Por essa razão, seja qual for o resultado, quando se trata de especificar os deveres, cabe preferência às obrigações que decorrem da socialidade humana.

Além disso, uma ação aferida, racionalmente, implica conhecimento e prudência. Por isso o desempenho de atividades é preferível ao mero cogitar, com prudência.

Conclusão

Eis que dissertamos, suficientemente, sobre nosso tema. O assunto está esclarecido. Já não é difícil ver, nessa perquirição em torno dos deveres, qual deles deve levar a precedência. Além disso, no seio da comunidade humana, há toda uma hierarquia de deveres. Dentre eles é possível entender que têm a precedência, em primeiro lugar, os deveres para com os deuses imortais. Em segundo lugar, aqueles para com a pátria. Em terceiro lugar aqueles referentes aos nossos pais. Finalmente, a seguir, os demais deveres e assim sucessivamente[162].

Depois desta nossa breve explanação em torno desse assunto todo podes entender a razão pela qual os homens não só manifestam-se inseguros, quando querem saber se uma ação é honesta ou torpe, mas ainda a razão pela qual entre dois intentos honestos reina a dúvida sobre qual deles é o mais honesto.

Como já afirmei, Panésio omitiu-se acerca desse problema. Resta, agora, abordar aqueles temas que ficaram por ser explanados.

....

(162) Em latim: "In ipsa autem communitate sunt gradus officiorum, ex quibus quid cuique praestet intellegi possit, ut prima diis immortalibus, secunda patriae, tertia parentibus, deinceps gradatim reliquis debeatur".

Coleção Grandes Obras do Pensamento Universal

1 – Assim Falava Zaratustra – *Nietzsche*
2 – A Origem da Família, da Propriedade Privada e do Estado – *Engels*
3 – Elogio da Loucura – *Erasmo de Rotterdam*
4-5 – A República – *Platão*
6 – As Paixões da Alma – *Descartes*
7 – A Origem da Desigualdade entre os Homens – *Rousseau*
8 – A Arte da Guerra – *Maquiavel*
9 – Utopia – *Thomas More*
10 – Discurso do Método – *Descartes*
11 – Monarquia – *Dante Alighieri*
12 – O Príncipe – *Maquiavel*
13 – O Contrato Social – *Rousseau*
14 – Banquete – *Dante Alighieri*
15 – A Religião nos Limites da Simples Razão – *Kant*
16 – A Política – *Aristóteles*
17 – Cândido ou o Otimismo – O Ingênuo – *Voltaire*
18 – Reorganizar a Sociedade – *Comte*
19 – A Perfeita Mulher Casada – *Luis de León*
20 – A Genealogia da Moral – *Nietzsche*
21 – Reflexões sobre a Vaidade dos Homens – *Mathias Aires*
22 – De Pueris – A Civilidade Pueril – *Erasmo de Rotterdam*
23 – Caracteres – *La Bruyère*
24 – Tratado sobre a Tolerância – *Voltaire*
25 – Investigação sobre o Entendimento Humano – *David Hume*
26 – A Dignidade do Homem – *Pico della Miràndola*
27 – Os Sonhos – *Quevedo*
28 – Crepúsculo dos Ídolos – *Nietzsche*
29 – Zadig ou o Destino – *Voltaire*
30 – Discurso sobre o Espírito Positivo – *Comte*
31 – Além do Bem e do Mal – *Nietzsche*
32 – A Princesa de Babilônia – *Voltaire*
33 – A Origem das Espécies (Tomo I) – *Darwin*
34 – A Origem das Espécies (Tomo II) – *Darwin*
35 – A Origem das Espécies (Tomo III) – *Darwin*
36 – Solilóquios – *Santo Agostinho*
37 – Livro do Amigo e do Amado – *Lúlio*
38 – Fábulas – *Fedro*
39 – A Sujeição das Mulheres – *Stuart Mill*
40 – O Sobrinho de Rameau – *Diderot*
41 – O Diabo Coxo – *Guevara*
42 – Humano, Demasiado Humano – *Nietzsche*
43 – A Vida Feliz – *Sêneca*
44 – Ensaio sobre a Liberdade – *Stuart Mill*
45 – A Gaia Ciência – *Nietzsche*
46 – Cartas Persas I – *Montesquieu*
47 – Cartas Persas II – *Montesquieu*
48 – Princípios do Conhecimento Humano – *Berkeley*
49 – O Ateu e o Sábio – *Voltaire*
50 – Livro das Bestas – *Lúlio*
51 – A Hora de Todos – *Quevedo*
52 – O Anticristo – *Nietzsche*
53 – A Tranqüilidade da Alma – *Sêneca*
54 – Paradoxo sobre o Comediante – *Diderot*
55 – O Conde Lucanor – *Juan Manuel*

56 – O Governo Representativo – *Stuart Mill*
57 – Ecce Homo – *Nietzsche*
58 – Cartas Filosóficas – *Voltaire*
59 – Carta sobre os Cegos Endereçada àqueles que Enxergam – *Diderot*
60 – A Amizade – *Cícero*
61 – Do Espírito Geométrico - Pensamentos – *Pascal*
62 – Crítica da Razão Prática – *Kant*
63 – A Velhice Saudável – *Cícero*
64 – Dos Três Elementos – *López Medel*
65 – Tratado da Reforma do Entendimeno – *Spinoza*
66 – Aurora – *Nietzsche*
67 – Belfagor, o Arquidiabo - A Mandrágora – *Maquiavel*
68 – O Livro dos Mil Provérbios – *Lúlio*
69 – Máximas e Reflexões – *La Rochefoucauld*
70 – Utilitarismo – *Stuart Mill*
71 – Manifesto do Partido Comunista – *Marx e Engels*
72 – A Constância do Sábio – *Séneca*
73 – O Nascimento da Tragédia – *Nietzsche*
74 – O Bisbilhoteiro – *Quevedo*
75 – O Homem dos 40 Escudos – *Voltaire*
76 – O Livro do Filósofo – *Nietzsche*
77 – A Miséria da Filosofia – *Marx*
78 – Soluções Positivas da Política Brasileira – *Pereira Barreto*
79 – Filosofia da Miséria – I – *Proudhon*
80 – Filosofia da Miséria – II – *Proudhon*
81 – A Brevidade da Vida – *Sêneca*
82 – O Viajante e sua Sombra – *Nietzsche*
83 – A Liberdade do Cristão – *Lutero*
84 – Miscelânea de Opiniões e Sentenças – *Nietzsche*
85 – A Crítica Kantiana do Conhecimeno – *Polo*
86 – O Caso Wagner – *Nietzsche*
87 – A Clemência – *Sêneca*
88 – Da Utilidade e do Inconveniente da História para a Vida – *Nietzsche*
89 – Os Deveres – I – *Cícero*
90 – Schopenhauer Educador – *Nietzsche*

Futuros Lançamentos:

- Dicionário Filosófico – *Voltaire*
- Crítica da Razão Pura – *I. Kant*
- A Cidade do Sol – *Campanella*
- Dos Delitos e das Penas – *Beccaria*
- Do Servo Arbítrio – *Lutero*
- Vontade de Potência – *Nietzsche*
- A Cidade Antiga – *Fustel de Coulanges*
- O Cidadão – *Hobbes*
- O Destino do Homem – *Fichte*
- Os Devaneios do Caminhante Solitário – *Rousseau*
- Sistema novo da Natureza – *Leibniz*
- Filosofia e Ciência – *Schopenhauer*
- Dores do Mundo – *Schopenhauer*
- O Fundamento da Moral – *Schopenhauer*

Impressão e Acabamento:
Oceano Ind. Gráfica – (11) 4446-7000
• 2008 •